長澤恵のティッチャイ

タイ料理教室

本場の味がわかる、作れる、プロセスつき

ティッチャイ
タイフードスタジオへ
ようこそ

ここは、小さなタイ料理教室です。

初めてタイを訪れた時、様々な味が一体となった

タイ料理のおいしさや、食材の豊富さに衝撃を受けました。

そして、タイに渡って料理と言葉を学ぶうちに

その奥深さや人々の温かさに、すっかりやみつき（ティッチャイ＝魅了される、

やみつきになるという意味のタイ語）になってしまったのです。

私がタイから受けた感動と魅力を少しでも

日本の皆さんにお伝えしたいと思い、この教室を開きました。

通常のレッスンでは、私のオリジナルレシピや

ディープなタイ料理を学びたい方向けの郷土料理などもお教えしていますが、

この本ではあえてアレンジなしの本場のレシピの中から

ご家庭で作りやすい人気メニューを選んでご紹介しています。

まずは、定番のおいしさを知っていただきたいからです。

タイ料理に初めて挑戦する方でも、パッと見てわかりやすいよう、

たくさんのプロセス写真とポイント解説をつけています。

スタジオにレッスンに通っているつもりで、

ぜひご家庭で気軽においしいタイ料理を作ってみてください。

長澤恵

ティッチャイ タイフードスタジオ

Tit Cai Thaifood Studio

CONTENTS

この本のきまり ●小さじ1＝5㎖、大さじ1＝15㎖、1カップ＝200㎖です

1 タイ料理の基礎

タイ料理を作り始める前に知っておいていただきたいことをまとめました。
初めての方も、そうでない方も、一度目を通してみてくださいね。

味のバランスのこと

タイ料理＝辛い、というイメージがあるかもしれませんが、実は塩味、酸味、甘味のバランスがとても重要です。
そこに辛味とスパイスやハーブの風味（香り）が加わることで、おいしいタイ料理が出来上がるのです。
レシピには調味料の分量を記載してありますが、素材の持つ甘味や塩分などによっても仕上がりには差が出てきます。
味見をして、バランスが悪い（酸味が強すぎる、コクが足りないなど）と感じたら、調味料を加えてバランスを調えてください。
調味料などについては p.8 〜 11 でくわしくご紹介します。

〈 塩 味 〉

塩はミネラルを含む自然塩を使っていま
す。精製塩の場合は量を少し減らして。
ナムプラーやガピ（左）はタイの伝統的
な調味料で、独特の風味もあります。

〈 酸 味 〉

タイでは蒸留した酢やマナーオ（ライム）
を使いますが、穀物酢やレモンで代用し
ても問題ありません。タマリンドはマメ
科の植物をさやごと乾燥させたもの。

〈 甘 味 〉

タイでは砂糖はグラニュー糖を使います。
上白糖（白砂糖）の場合は量を少し控え
てください。ココナッツシュガーはカレ
ーなどにコクを加えるのに欠かせません。

〈 辛 味 〉

タイの唐辛子は小さいほど辛く、冷凍か
乾燥で入手できます（→ p.11）。大きい
ものは辛味が少なくマイルド。この他に、
白こしょうもよく使います。

〈 風 味 〉

ハーブの風味はタイ料理の大切な要素の
ひとつで、個性を生かして使い分けます。
大手スーパーやアジアの食品を扱う店で
入手できます。

調味料のこと

この本で使用した主な調味料です。
日本の調味料などで代用できるものもありますが、
風味が多少異なるため、できれば少しずつそろえるとよいでしょう。

タオチオ
（ソイビーンペースト）

大豆を発酵させて作られる、ゆるいみそのような調味料。大豆の粒が入っているのが特徴で、塩気が強い。なければみそ（だしの入っていない塩気の強いもの）で代用してもよい。

シーズニングソース

大豆しょうゆをベースにした旨味の強いソースで、フレーバーソースとも呼ばれる。炒め物やスープに隠し味程度に使われる。目玉焼きにかけてもおいしい。

シーユーダム
（ブラックソイソース）

黒しょうゆの意味。糖蜜などで甘味とコクを加えてあり、甘辛くてドロッとしている。本来はシーユーダムワン（甘口）、シーユーダムケム（薄甘口）を使い分けるが、このブラックソイソースは兼用タイプ。

ナムプラー

塩漬けにした小魚を熟成発酵させて作られる魚醤。独特の香りと風味があり、カレーやサラダには欠かせない。透明感のあるものが上質。

シーユーカーオ

シーユーはしょうゆ、カーオは白という意味。スープや炒め物、煮物などにナムプラーと同様よく使われる。砂糖が入っているのでやや甘味があるが、薄口しょうゆで代用可。

オイスターソース

カキを原料にした、旨味の強いソース。タイのものは塩分も色も薄めでどろりとしているのが特徴。中華のオイスターソースを使う場合は量を⅔くらいに控えるとよい。

ナムプリックパオ
（チリインオイル）

乾燥唐辛子、ホムデン、にんにくなどを焼いてからつぶしてペースト状にし、油と炒めたもの。焼いてあるため甘みがあり、見た目ほど激辛ではなく、炒め物やトムヤムクンなどのスープの風味づけに使われる。

タマリンド

マメ科の植物であるタマリンドをさやごと乾燥させたもの。プラムを濃縮したような風味と爽やかな酸味があり、整腸作用があるとされる。水に溶かしてソースやタマリンドジュース（→ p.49）などにする。

ココナッツシュガー

ココヤシの花序液（花の蜜）を煮詰めたもので、キャラメルのような風味とコクがある。なければやや風味が異なるが、黒糖とグラニュー糖を半量ずつ使うか、三温糖で代用する。

ガピ

小海老を塩漬けにして発酵させたペーストで、カレーペーストには必ず入る。濃厚な旨味とコク、塩気がある。そのまま、又は加熱して生臭みを消して使う。

酢
（ナムソムサーイチュー）

タイの酢は蒸留してあるため、ほぼ無色透明で刺激臭が少ない。料理にはもちろん、卓上調味料にも欠かせない。穀物酢で代用できる。

ココナッツミルク

まろやかな甘い風味で、お菓子はもちろん、料理にもよく使われる。グリーンカレーなどでは油脂として使うので、必ず乳化剤などが入っていないパックタイプ（上）を使用すること。

食材のこと

タイ料理に欠かせないハーブやスパイスと、
麺や米をご紹介します。

① バイ マクルー
（こぶみかんの葉）

こぶみかんという柑橘類の葉で、爽やかな強い香りが特徴。トムヤムクンなどに入れる他、細く切ってサラダなどに加えても美味。冷凍保存できる。

② カー

しょうがの仲間で強い香りを持ち、やや苦味がある。肉や魚の臭み消しとして使う。入手できない場合はしょうがで代用する。冷凍保存できる。

③ ホムデン
（小赤玉ねぎ）

日本名は赤わけぎ。水分や甘味が少なく、タイではサラダやペーストに多用される。揚げるとサクサクになる。ない場合はベルギーシャロットで代用する。

④ パクチー
（コリアンダー）

せり科の植物で、香菜（シャンツァイ）とも呼ばれる。タイでは葉や茎よりも香りの強い根（→p.12）をよく使う。解毒作用などがあり、タイで最もポピュラーなハーブのひとつ。

⑤ レモン

タイではマナーオというライムをよく使う。ライムは日本では高価なので、この本ではすべてレモンで代用している。

⑥ ミント

爽やかな香りのハーブで、口の中をさっぱりさせる効果があり、サラダに加えることが多い。日本ではスペアミントを使う。

⑦ ガシャーイ
（グラチャイ）

独特な形をしており、しょうがとごぼうの中間のような風味。苦味があり、辛味はない。魚介の臭み消しの効果が強く、海老と野菜のサワーカレー（→p.64）には欠かせない。

⑧ レモングラス

レモンに似た爽やかな香りを持つハーブで、魚介の臭み消しに効果がある。根元の太い部分は柔らかく、生食にも向く。冷蔵で2週間ほど保存可能。冷凍した場合はスープなどに利用する。

⑪ バイ トゥーイ
（パンダンリーフ）

加熱すると甘い香りがするハーブ。米を炊く時に一緒に入れて香りづけしたり、鮮やかなグリーンを生かしてお菓子の色づけ、香りづけに使う。

⑩ バイ ホーラパー
（スイートバジル）

タイのバジルは葉が小さく香りが強烈で、イタリア料理で使われるバジルとは風味が異なる。入手できない場合はスイートバジルで代用する。

⑨ バイ ガパオ
（ホーリーバジル）

香りが強く、肉との相性がいいシソ科のハーブ。豚肉のバジル炒め（→p.46）には欠かせない。その他、カレーやスープにも加える。

① 春雨
（ウンセン）

でんぷんを原料とした極細麺で、水で戻してから調理する。緑豆でんぷんが原料で、ゆでると透明になり、コシのあるものが上質。

⑦ プリック キーヌー ヘーン
（乾燥唐辛子）

プリック キーヌーを乾燥させたもの。食べた時に生唐辛子よりも後から刺激を感じるのが特徴。生が手に入らない時は、湯につけて戻せば代用できる（→ p.13）。辛さはやや異なるが、鷹の爪でも代用可能。

② センレック
（米麺）

米粉から作られた麺を総称してクエイティオという。そのうち半乾燥させて裁断したもので、2㎜〜5㎜幅くらいのものをセンレックと呼ぶ。この本ではパットタイ（→ p.54）で使用。パッケージに従って戻してから調理する。ちなみに極細麺はセンミー、太麺はセンヤイという。

③ プリック キーヌー
（生唐辛子）

タイの激辛唐辛子で小さいほど辛く、ピッキーヌーともいう。緑は熟成前のもので爽やかさがあり、グリーンカレーペーストにも使われている。熟成した赤い唐辛子はさらに激辛。刻んだりつぶしたりする場合、必ず冷凍のまま使う。1本でもかなり辛いので、好みで増減するとよい。

④ プリック チー ファー ヘーン
（乾燥唐辛子・大）

大型の唐辛子である、プリック チーファーを乾燥させたもの。辛味はそれほど強くなく、カレーなどのペーストに加えて色と甘味を出したり、炒め物などに使う。

⑤ タイ米

タイの米はインディカ米と呼ばれる長粒種で、日本のジャポニカ米（短粒種）とは違ってパラッと炊き上がる。この本では特に香りのよいジャスミンライス（香り米）を使用。もち米は透明感がなく白っぽいのが特徴で、蒸して食べるのがタイ式。炊き方・蒸し方は（→ p.17）を参照。

⑥ プリック ポン
（粉末乾燥唐辛子）

乾燥唐辛子を炒って粉末にしたもの。調理にはもちろん、卓上調味料（→ p.13）としても欠かせない。なければ一味唐辛子を炒って代用する。

タイ料理の基本

日本ではあまり見かけないタイの調理道具や、独特の技法をご紹介します。

調理道具

タイ料理には独特の調理道具が使われます。
まずは家にあるものを使って工夫してみましょう。
それから道具を一つずつそろえていくのも、タイ料理の楽しみ方の一つです。

クロック

タイではクロック（臼のこと。棒はサークという）を使ってペーストなどを作ります。スパイスやハーブをつぶしたり、混ぜたりするには石製（左）、青パパイアのサラダには専用の陶器（右）や木のクロックと使い分けます。ない場合はミキサーやフードプロセッサー、ボウルなどで代用してください。

クロックの使い方

タイでは床に置いて使うことも多いのですが、テーブルの上で作業する場合は、安定した場所で、下にふきんなどを敷いてください。

① にんにくやプリック キーヌーは潰しやすいように横（繊維を断ち切る）に1cmくらいに切る。ホムデンやレモングラスは薄い輪切りにする。

② サークは重さを利用してまっすぐ落とす。この時にガンと音がすればよい。

③ 手首のスナップを効かせて手前に押しつけ、持ち上げる。リズミカルに❷、❸をくり返してつぶす。

フライパン（中華鍋）

タイ料理は中華料理の影響を受けているため、炒め物の他、カレーやスープなどもアルミの中華鍋で作ります。ない場合はフライパンや鍋で代用可能です。

ボウル

タイのボウルは洗面器のように平たくて混ぜやすく、入れ子になっていてとても便利。日本ではなかなか手に入らないので、一般的なボウルを使ってください。

たたき包丁

タイでは中華包丁に似た包丁で肉を叩いてミンチにします。重さがあるので、にんにくなどを潰すのにも重宝します。この本では万能包丁で代用しています。

波刃包丁・ピーラー

皮をむいたり切ったりするだけで手軽に飾り切りができる波刃包丁（右）はタイの家庭の必需品。波形のチーズナイフで代用できます。ピーラー（左）は青パパイアをささがきにするもので、皮むきにも使います。

基本テクニック

ハーブを叩いてつぶすなど、タイでは和食や洋食とは少し違ったテクニックをよく使います。鶏がらスープの取り方などもレクチャーします。

にんにくのつぶし方

にんにくはそのままスープなどに入れる場合はもちろん、みじん切りにする場合もまずつぶします。つぶすことで香りが立ち、口あたりもよくなります。

にんにくの上に包丁を寝かせ、手が滑らないように注意して真上からグッと押さえてつぶす。

プリック キーヌー（生唐辛子）のつぶし方

冷凍のものを使う場合は凍った状態で使います。溶けると汁が飛び散ったり、つぶれにくくなります。

凍ったプリック キーヌーを包丁を寝かせて叩きつぶす。

パクチーの根の使い方

タイでは葉や茎よりも、香りの強い根の部分を多用します。根をよく洗い、茎を5cmほど残して切ります。

つぶす場合は包丁を寝かせて2～3回叩いてつぶす。クロックでつぶす場合はざく切りにし、みじん切りにする場合は細かく刻む。

にんにく油の作り方

スープや油そばには欠かせないにんにく油。多めに作っておくと重宝します。

材料　約50ml分
にんにく …… 3片
サラダ油 …… 50ml

作り方
① つぶしたにんにくをみじん切りにする。

② フライパンに油を入れて弱火にかけて❶を入れ、混ぜながらじっくりと炒める。

③ 全体がうっすらと色づいたら火を止め、余熱でこんがりときつね色にする。

④ 用途によってはざるでこし、油とにんにくを分けて冷ます。

乾燥唐辛子の戻し方

生の唐辛子が手に入らない場合は乾燥唐辛子で代用できます。

乾燥唐辛子に熱湯を注ぎ、柔らかくなるまでおく。水気を絞って使う。

鶏がらスープの取り方

タイ料理の基本は澄んだ鶏がらスープ。市販品を使ってもかまいませんが、じっくりと煮出したスープの風味は格別です。

材料　作りやすい分量
鶏がら …… 500g（2羽分）
水 …… 5ℓ（鶏がらの10倍量）

作り方
① 鶏がらは流水でよく洗い、肝や脂肪をていねいに洗い流す。

② 鍋に❶と水を入れて強火にかける。

③ 沸騰直前でアクがバーッと出たら一気にすくい取る。

④ そのまま中火で1時間半静かに煮る。

⑤ ざるでこして澄んだスープを取る。冷めたらジッパーつきの袋などに小分けして冷凍する。

盛りつけと色のこと

タイ料理では色彩、特に緑と赤のバランスを大切にします。つけ合わせの野菜は飾り切りなどにして美しく盛り合わせましょう。ここでは、タイ流の赤ピーマンの飾りをご紹介します。

① 赤ピーマンを縦4つ割りにして種を取り、白っぽい部分を削ぎ切る。

② 皮を下にしてまな板に押しつけながら、包丁を寝かせて薄く削ぐ。

③ 削いだ状態。色が鮮やかな皮の部分（手前）だけを使う。

④ 横向きにして細い千切りにし、冷水につける

卓上調味料のこと

タイの食堂に入ると、麺類には必ずナムプラー、砂糖（グラニュー糖）、プリック ポン（粉唐辛子）、酢（輪切りのプリック チーファー、またはししとう入り）の4種類の調味料が出され、自分の好みで調味して食べます。ご家庭でもぜひ小皿などに入れて添えてください。

2 ヘルシーなサラダと炒めもの

タイ語ではサラダのことをヤム（和えるという意味）といいます。
素材と調味料をよく和えて、5つの味のハーモニーを楽しみましょう。

ヤム ウンセン

春雨のスパイシーサラダ

辛さ ★☆☆

シーフードや肉の旨味が絡んだ春雨が主役のサラダです。
辛味と酸味が効いていておかずにもなる、タイの定番メニュー。

材料　2〜3人分

きくらげ……3枚
春雨……20g
海老（ブラックタイガー）……4尾
いか（やりいか）……½杯
赤玉ねぎ……⅛個
セロリ……½本
万能ねぎ……2本
トマト……½個
豚肉……50g
水……大さじ3
パクチーの葉……1株

[ドレッシング]

パクチーの根……1本
プリック キーヌー（生唐辛子）……2本
赤ピーマン……¼個
塩……小さじ¼
ナムプラー……大さじ1½
レモン汁……大さじ2
砂糖……大さじ1

[つけ合わせ]

サニーレタス……適宜
パクチーの葉……適宜
赤ピーマン（→p.13）……少々（あれば）

【タイの食材メモ】

マナーオ果汁

この本ではマナーオ（タイのライム）の代わりにすべてレモンを使用していますが、マナーオの果汁はアジア食材店で入手できます。

作り方

1　材料を準備する

① きくらげは水で戻し、太めの千切りにする。

② 春雨は5分ほど水で戻し、キッチンばさみで5cm長さに切る。

③ 海老は冷凍の場合は流水で解凍しておく。尻尾の上の剣先を折って取る。

④ 尻尾を残して殻をむき、背開きにして背わたを取る。

⑤ いかは背側に手を入れてはがし、わたを抜く。

⑥ 軟骨を引き抜いてよく洗い、皮をむいて輪切りにする。

⑦ 赤たまねぎは1枚ずつはがして芯は取り除き、3mmの幅にくし切りにする。セロリは筋を取り、斜め薄切りにする。万能ねぎは1cm幅に切る。

たまねぎを重ねたまま切ると幅にバラつきが出ます。均一に仕上げるためのひと手間です。

15

⑧ トマトはくし切りにする。種の部分を削ぎ切りにして取り除き、皮の部分は食べやすい大きさに切る。

⑨ 豚肉は包丁で小さく切り、さらに叩いてミンチ状にする。

⑩ 水大さじ 3 を加えたフライパンでミンチをそぼろ状になるまで炒め、火が通ったら冷ましておく。

水を加えることで肉がほぐれ、肉の水分が飛ばず、ジューシーに火を通すことができます。

⑪ パクチーの根、プリック キーヌーはざく切りにする。赤ピーマンは種と白っぽい部分を取り、斜め切りにする。パクチーの葉はちぎる。

2　ドレッシングを作る

① クロック（なければみじん切りにする）にパクチーの根、プリック キーヌー、赤ピーマンを入れてサークで叩きつぶす。

② 塩、ナムプラー、レモン汁、砂糖を加えて混ぜ合わせる。

ここで味見をします。塩味、酸味、甘味、辛味のバランスがよければ OK です。

3　ゆでる

① 鍋に湯を沸かし、沸騰したらきくらげを入れてゆでる。海老、いかを加えてゆで、海老にほんのりと透明感が残るくらいでざるに上げる。

いかや海老はゆですぎると硬くなります。余熱でも火が通るので、一息早めに取り出しましょう。

② 春雨を入れて透明になるまでゆで、ざるに上げて水気を切る。

4　仕上げる

① ボウルに 2 のドレッシングを入れ、豚肉のミンチ、3 を加えて手早く混ぜる。

② 赤玉ねぎ、セロリ、万能ねぎ、トマト、パクチーの葉を入れてさっと混ぜる。

③ サニーレタスと一緒に皿に盛り、パクチーの葉、赤ピーマンを飾る。

春雨は時間がたつと透明感がなくなり、パサパサになるので、温かいうちに食べてください。

タイ米の炊き方

昔、タイでは、米をゆでて
余分な水分を捨てて蒸らす方法
（湯取り法）で米を炊いていました。
ぬめりがなく、しゃっきり、
パラパラに炊くことができます。
炊飯器で炊く場合、これに一番
近い方法が早炊きモードです。

① 米は水を入れたらさっと混ぜ、すぐ
に水を捨てる。これを3回くり返す。

② 米と同量の水（またはぬるま湯）を
入れ、炊飯器の早炊きモードで炊飯す
る。

③ 炊けたら保温は切り、さっと混ぜて
から器に盛る。

④ ドーム状に盛る場合は小さめの茶碗
を水で濡らしてからギュッと詰め、皿
にひっくり返す。

もち米の蒸し方

現地では竹ざるで蒸して食べます。
ツヤがあってふっくらし、
握ってもべたつかないのが
理想の蒸し上がり。

① もち米は水を入れてさっと3回洗
い、たっぷりの水に一晩つけて吸水さ
せる。

② ざるに上げて水気を切り、よく蒸気
が通るように中央を空ける。蒸気の上
がった蒸し器に入れ、強火で20分蒸
す。

③ 蒸し上がったらすぐに蒸し器から出
し、皿に移してラップをかける。

ごはんの食べ方

タイでは麺類には箸を使いますが、
それ以外の食事はスプーンとフォークを
使います。タイ流の食べ方を
マスターしてみましょう。

① スプーンを右手(利き手)、フォーク
を左手に持つ。

② おかずを取り、ごはんの皿にのせ
る。

③ フォークの背を添え、スプーンでご
はんとおかずをすくって食べる。

④ 海老や肉などを切る場合はフォーク
で押さえ、スプーンをナイフ代わりに
使う。

ソム タム タイ

辛さ ★★☆

青パパイアのサラダ

青パパイアのシャキシャキ感がクセになる、ピリリと辛いサラダ。
ピーナッツと干し海老入りで酸味と甘味が強い、バンコク風のレシピです。

材料　2〜3人分

干し海老……20g
いんげん……5本
ミニトマト……3個
青パパイア (正味)……100g
にんじん (あれば)……少量
ピーナッツ (またはクラッシュピーナッツ)……20g
にんにく……1片 (10g)
プリック キーヌー (生唐辛子)……3本
ナムプラー……大さじ1
レモン汁……大さじ2
ココナッツシュガー……大さじ1

[つけ合わせ]

キャベツ……適宜
きゅうり……適宜

＊青パパイアの代わりににんじんで作ってもおいしいです。

【タイの食材メモ】

青パパイア

熟す前に収穫されたパパイアで、沖縄料理でもポピュラーな食材。卵と一緒に炒めてもおいしいです。

18

作り方

1　材料を準備する

① 干し海老は少量の水で戻す。いんげんは4〜5cmの長さに斜め切りにし、飾り用に2〜3本取り分ける。ミニトマトは半分に切る。

② 青パパイアは皮をむいて二つに割り、種子を掻き出す。

③ パパイアとにんじんは30分ほど氷水につけておく。

④ ピーナッツをフライパンに入れて弱火にかけ、ほんのりと色づくまで乾炒りする。

⑤ パパイアは切り口を下に向けて置き、包丁で叩いて縦に細かく切り込みを入れる。

⑥ 包丁でこそげて細いささがきにする。残った部分は千切りにする。

⑦ にんじんは千切りにする。

2　仕上げる

① 素焼きのクロックににんにくを入れてサークで軽く叩きつぶす。

② にんにくがつぶれたらプリック キーヌーを入れて数回叩く。

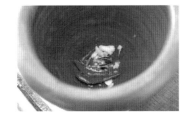

③ 干し海老、いんげん、ピーナッツを順に加え、そのつど数回ずつ叩く。

④ ナムプラー、レモン汁、ココナッツシュガーを加えてへらで混ぜる。

⑤ パパイア、にんじん、ミニトマトを加え、へらで持ち上げてサークで落とすようにして、20〜25回混ぜる。

⑥ 皿に盛り、つけ合せのキャベツときゅうりを添える。

ヤム トゥナー サムンプライ

ツナとハーブのサラダ

辛さ ★☆☆

噛みしめると、爽やかな香りが口いっぱいに広がるサラダ。
マイルドなツナの味わいに合うハーブをふんだんに使います。

材料　2～3人分

ツナ（まぐろの油漬け）…… 正味80g（油を切る）

レモングラス …… 1本

ミニトマト …… 3個

万能ねぎ …… 2本

ホムデン（小赤玉ねぎ）…… 2個

カシューナッツ（生）…… 10粒

バイマクルー（こぶみかんの葉）…… 1～2枚

アボカド …… ½個

にんじん …… 少量（あれば）

ミント …… 5g

[ドレッシング]

プリック キーヌー・赤（生唐辛子）…… 1本

パクチーの根 …… 1本

ナムプラー …… 大さじ1

レモン汁 …… 大さじ1

砂糖 …… 大さじ ½

[つけ合わせ]

サニーレタス …… 適宜

ミント、万能ねぎ、赤ピーマン（あれば）
　…… 各少量

＊ホムデンがなければ赤玉ねぎか普通の玉ねぎ ½個を使ってください。

作り方

1 材料を準備する

① レモングラスは皮を1枚むき、根元の方から薄い小口切りにする。

② 変色を防ぐため、レモン汁少々（分量外）をまぶしておく。

③ ミニトマトは4つ割りにする。万能ねぎは2cm幅に切る。ホムデンは繊維に沿って縦に薄切りにする。

④ カシューナッツは少量のサラダ油（分量外）でうっすらと色づくまで揚げる。

⑤ バイマクルーは縦に二つ折りにして軸をちぎり取る。

⑥ ごく薄い千切りにして、乾かないようにラップをかけておく。

⑦ アボカドは二つ割りにして種を取り、ナイフでさいの目に切り込みを入れる。

⑧ にんじんは千切りにし、ミントは葉をちぎる。

2 ドレッシングを作る

① プリック キーヌーは小口切りにする。パクチーの根は包丁で叩いてつぶし、みじん切りにする。

② ボウルに❶を入れてナムプラー、レモン汁、砂糖を加えて混ぜる。

3 仕上げる

① 2のドレッシングにツナを加えて混ぜる。

② 残りの材料をすべて加える。アボカドはへらでこそげ取る。

③ 全体をさっと混ぜ、サニーレタスと一緒に皿に盛る。ミント、万能ねぎ、赤ピーマンを飾る。

プラー クン

海老のスパイシーサラダ

おもてなしにもぴったりの、海老の贅沢サラダ。
レモングラスの香りとガツンとくる辛さがマッチした、タイらしい味わい。

材料　2〜3人分

海老（ブラックタイガー・特大）…… 5〜6尾
赤たまねぎ…… 1/8個
万能ねぎ…… 2本
レモングラス…… 1本
バイマクルー（こぶみかんの葉）…… 1枚
パクチーの葉と茎…… 10g
ミント…… 5g
バイホーラパー（スイートバジル）…… 10g

[ドレッシング]

ナムプリックパオ（チリインオイル）…… 大さじ1
ナムプラー…… 大さじ1
砂糖…… 小さじ 1/2
レモン汁…… 大さじ 1 1/2
プリック キーヌー（生唐辛子）…… 3本

[つけ合わせ]

サニーレタス…… 適宜
バイホーラパー（スイートバジル）…… 適宜
赤ピーマン…… 少々（あれば）

＊ナムプリックパオは油の部分は入れず、ペーストのみを
使用します。

作り方

1 材料を準備する

① 赤たまねぎは1枚ずつはがして芯は取り除き、3㎜の幅にくし切りにする。万能ねぎは1㎝幅に切る。

② レモングラスは根元の方から薄い小口切りにし、レモン汁少々（分量外）をまぶしておく（→p.21）。

③ バイマクルーは縦に二つ折りにして軸をちぎり、ごく薄い千切りにして、ラップをかけておく。

④ パクチーはざく切りにし、ミントとバイホーラパーは葉をちぎる。

⑤ 海老は尻尾を残して殻をむき、背開きにして背わたを取る。

⑥ 鍋に湯を沸騰させ、海老をゆでる。ほんのりと透明感が残るくらいでざるに上げる。

2 ドレッシングを作る

① プリック キーヌーは小口切りにする。

② ボウルに❶とナムプリックパオ、ナムプラー、砂糖、レモン汁を入れて混ぜる。

3 仕上げる

① ドレッシングのボウルにゆでた海老を入れて混ぜる。

② 残りの材料をすべて加えてさっと混ぜ、サニーレタスと一緒に皿に盛る。バイホーラパーと赤ピーマンを飾る。

【 黒ドレッシングと
白ドレッシング 】

ペースト（ナムプリックパオ）の入ったドレッシングは色が黒っぽくなるため、黒ドレッシングと呼ばれます。それに対して、ペーストの入っていないものは白ドレッシングといいます。

ラープ ガイ

辛さ ★☆☆

東北スタイルの鶏肉のサラダ

違う食感の鶏肉を組み合わせた、タイのイサーン地方（東北部）名物のサラダ。
ラープはラオス語で「幸せ」の意味で、お祝い事には欠かせません。

材料　2～3人分

鶏もも肉（正味）…… 100g
砂肝、鶏レバー …… 合わせて 50g
鶏がらスープ（または水）…… 50㎖（→p.13）
塩 …… 小さじ ½
ホムデン（赤小たまねぎ）…… 2個
万能ねぎ …… 1本
パクチー …… 1株
ミント …… 10g

*砂肝とレバーはどちらかだけでもかまいません。
*ホムデンがなければ赤玉ねぎか玉ねぎを使ってください。

[ドレッシング]

ナムプラー …… 大さじ 1

レモン汁 …… 大さじ 1 ½
砂糖 …… ひとつまみ
プリックポン（粉唐辛子）…… 小さじ ½
いりごま（白）…… 小さじ ½

[カオクア（炒り米）]

もち米（または米）…… 大さじ ½
レモングラス、カー …… 各小さじ 1（あれば）

[つけ合わせ]

キャベツ …… 適宜
きゅうり …… 適宜
バイホーラパー（スイートバジル）…… 適宜（あれば）
万能ねぎ、赤ピーマン …… 少々（あれば）

作り方

1　材料を準備する

① 鶏もも肉は皮と脂肪を取り、小さく切ってから包丁で叩き、粗めのミンチにする。

② 砂肝は食べやすいよう細かく切り込みを入れてから1cm角に切る。レバーは1cm角に切る。

③ 鍋に鶏がらスープを入れて弱めの中火にかけ、ミンチにした肉と塩を入れて軽く炒める。砂肝、レバーを加えて弱火にし、火を通す。

④ ホムデンは縦に薄切りにする。万能ねぎは1cm幅に切る。

⑤ パクチーはざく切りにし、ミントは葉をちぎる。

⑥ つけ合わせのキャベツは芯つきのまま⅛に切り、芯を切り落とす。

2　カオクアを作る

① もち米とレモングラスの薄切り、カーの千切りをフライパンに入れてこんがりと色づくまで炒る。

② クロック（またはすり鉢かフードプロセッサー）で粉末になるまで砕く。

3　仕上げる

① ボウルに肉類をスープごと入れ、ナムプラー、レモン汁、砂糖、プリックポン、いりごま、2を入れて混ぜる。

② 残りの材料をすべて加えてさっと混ぜ、皿に盛る。キャベツときゅうりを添え、あればバイホーラパー、万能ねぎ、赤ピーマンをあしらう。

ガイ パット メット マムアンヒマパーン

辛さ ★☆☆

鶏肉とカシューナッツの炒め

中華料理のイメージがありますが、これもタイ料理の定番。
甘くてピリっと辛いソースと素揚げしたナッツの香ばしさでごはんが進みます。

材料　2〜3人分

にんにく …… 1片
カラーピーマン …… ½ 個（またはパプリカ ¼ 個）
玉ねぎ …… ¼ 個
万能ねぎ …… 2〜3本
カシューナッツ …… 20g
プリックチーファーヘーン（乾燥唐辛子・大）
　　…… 2本
鶏もも肉 …… 150g
塩、こしょう …… 各適宜
片栗粉、小麦粉（薄力粉） …… 各適量

サラダ油 …… 適宜

[ソース]

オイスターソース …… 大さじ ½
シーユーカーオ（または薄口しょうゆ） …… 小さじ 1
紹興酒（または日本酒かウイスキー） …… 小さじ 1
砂糖 …… 小さじ ½
ナムプリックパオ（チリインオイル） …… 大さじ ½

＊プリックチーファーヘーンを入れなくても作れます。

作り方

1 材料を準備する

① にんにくは包丁の背で叩きつぶしてからみじん切りにする。

② ピーマンは種と白っぽい部分を取り除き、1.5cm角に切る。玉ねぎは1枚ずつはがして1.5cm角に切り、芯は取り除く。

③ 万能ねぎは2cm幅に切る。

④ プリックチーファーはキッチンばさみで1cm幅に切り、種は取り除く。

⑤ 鶏もも肉は皮と脂肪部分を取り除き、厚い部分は削ぎ切って厚みをそろえる。

⑥ 繊維に沿って縦に1.5cm幅に切り、さらに1.5cm角に切る。

2 素揚げをする

① フライパンに底から3cm程度までサラダ油を入れて低温（160℃）に熱する。弱火でカシューナッツを混ぜながらじっくり揚げる。全体がうっすらと色づいたらすぐ取り出して油を切る。

② 続けてプリックチーファーヘーンを低温でじっくり揚げて油を切る。

③ 鶏肉をボウルに入れて塩、こしょうをし、片栗粉と小麦粉を入れて全体にまぶしつける。

④ ❸を一つずつほぐしながら入れ、強火でカリッと揚げる。色づいたら裏返し、火が通ったらバットに取る。

3 ソースを作る

ソースの調味料をすべてボウルに入れて混ぜ合わせる。

4 炒める

① フライパンにサラダ油大さじ1とにんにくを入れて中火にかけ、焦がさないように炒める。香りが出たら強火にして玉ねぎとピーマンを加えて炒める。

② 2で素揚げしたカシューナッツ、プリックチーファーヘーン、鶏肉と3のソースを一気に入れる。

③ 手早くフライパンをあおって全体にからめ、万能ねぎを加えてすぐに火を止めて混ぜ、皿に盛る。

パット パックブン ファイデーン

辛さ ★★★

空芯菜の炒め

タオチオを使い、にんにくと唐辛子を効かせるのがタイ風。
シャキシャキと色鮮やかに仕上げるためには、強火で一気に炒めましょう。

材料　2〜3人分

空芯菜 …… 200g
赤ピーマン …… ¼個 (あれば)
にんにく …… 3片
プリック キーヌー・赤 (生唐辛子) …… 5本

＊空芯菜の代わりに小松菜や青梗菜で作ってもおいしいです。

[ソース]

シーユーカオ (または薄口しょうゆ) …… 大さじ ½
オイスターソース …… 大さじ 2
タオチオ (またはみそ) …… 小さじ ½
砂糖 …… 小さじ ½
水 …… 大さじ 1

作り方

1　材料を準備する

① 空芯菜は茎の硬い部分を包丁で軽く叩いてつぶす。

② 4cm幅に切る。

③ 赤ピーマンは種と白っぽい部分を取り除き、細切りにする。

④ にんにく、プリック キーヌーは叩いてつぶす。

2　ソースを作る

① 小さめのボウルにソースの材料をすべて入れ、混ぜ合わせる。

3　炒める

① ボウルに空芯菜と赤ピーマンを入れ、ソースを上からかける。

② にんにくとプリック キーヌーも加える。

③ フライパンを強火で熱してサラダ油大さじ2（分量外）を入れ、煙が出てきたら一気に❷を入れて手早くフライパンをあおって20秒ほど炒める。

④ 鮮やかな緑色になったらすぐに火を止めて皿に盛る。

【 炎の料理、ファイ デーン 】

ファイ＝火・炎、デーン＝赤いの意味。カンカンに熱し、煙の立った中華鍋に一気に食材を入れると赤い炎が上がります。強火で短時間で炒めることで、シャキシャキとした、美しい緑の空芯菜炒めが出来上がるのです。

3 ボリュームたっぷり、シーフードと肉の料理

肉や海老などの、素材の風味を味わえるメニューが満載。
自家製のソースなどを添えて、味にメリハリをつけるのがタイ風です。

タレー ルワムミット ヤーン

シーフードミックスのグリル

辛さ ★★☆

新鮮なシーフードを焼くだけのシンプルなごちそう。
辛くて酸味が爽やかなナムチムタレーは、B.B.Q.にもおすすめです。

材料　2〜3人分

いか（やりいか）…… 1杯
有頭海老（ブラックタイガー）…… 4尾
ほたて貝（殻つき）…… 1個

[ナムチム タレー（魚介用ソース・4〜5人分）]

プリック キーヌー（生唐辛子）
…… 5〜6本（20g）
にんにく…… 2〜3片（20g）
パクチーの根…… 2本
塩…… 小さじ1
ナムプラー…… 小さじ1
レモン汁…… 大さじ4
砂糖…… 大さじ1

[つけ合わせ]

パクチーの葉…… 適宜（あれば）

作り方

1　ナムチム タレーを作る

① ざく切りにしたプリック キーヌー、にんにく、パクチーの根をクロック（またはフードプロセッサーなど）に入れる。

② しっかりと叩き潰してペースト状にする。

③ 塩、ナムプラー、レモン汁、砂糖を加えてよく混ぜ合わせる。

ここで味見をします。
塩味と酸味の次に甘みと辛味を
感じればOKです。

2　材料を準備する

① いかは背側に手を入れてはがし、わたを抜いて目玉から上を切り落とす。

② 軟骨を引き抜いてよく洗い、表側に切り込みを入れる。

③ 海老は背開きにする。頭のつけ根に背中側から包丁を入れ、そのまま身の半分くらいまでを、尻尾に当たるまで切り開く。

すべりやすいので、上からしっかり
押さえます。なるべく包丁を寝かして
直角に入れるのがポイント。

3　焼く

① 魚焼きグリルかグリルパンを熱し、準備したいか、海老、ほたて貝を並べて焼く。直火の場合は半分ほど火が通ったらいかと海老をひっくり返す。

② いかは輪切りにし、シーフードを皿に盛る。あればパクチーの葉を飾りにあしらい、ナムチム タレーを添える。

トード マン クン

辛さ ☆☆☆

海老のすり身揚げ

海老のすり身に刻んだ身を混ぜ、プリプリ感に歯ごたえをプラスしました。
揚げたてに、自家製スイートチリソースを添えて。

材料　2〜3人分

むき海老…… 200g
豚バラ肉（脂が多いもの）…… 40g
塩…… 小さじ ¼
卵白…… ½ 個分
オイスターソース …… 小さじ ½
砂糖…… 小さじ ½
粒こしょう（白）…… 小さじ ¼
ごま油…… 小さじ 2
コーンスターチ …… 小さじ ½
パクチーの根と茎…… ½ 株
パン粉…… 適宜

サラダ油…… 適宜

[つけ合わせ]

ナムチム ワーン（スイートチリソース）
　…… 適宜（→p35）
サニーレタス …… 適宜
赤ピーマン…… 少々（あれば）

作り方

1 材料を準備する

① むき海老をボウルに入れて塩小さじ1、片栗粉大さじ1（共に分量外）をまぶしてよくもみ、黒くなったら水で洗い流す。

塩で生気る、片栗粉で汚れを落とします。

② キッチンペーパーでしっかりと押さえて、表面が乾くくらいまで水気を取る。

水気が残っているとプリプリの食感に仕上がりません。分かつぶれるくらいギュッと押さえてください。

③ 海老の1/3量は1cmに切り、残りは包丁で叩くかフードプロセッサーにかけてミンチ状にする。

④ 豚バラ肉は粗みじん切りにする。

⑤ 粒こしょうはクロック（またはすり鉢）で粗挽き程度につぶす。

⑥ パクチーの根と茎は細かく刻む。

2 生地を作る

① ボウルに海老と豚バラ肉を入れ、塩を加えてぐるぐると混ぜてよく練り合わせる。

塩を加えてよく練ることで弾力が出ます。

② 溶きほぐした卵白を加えてさらによく練り、オイスターソース、砂糖、こしょう、ごま油、コーンスターチを加えてさらに練る。

ここで少量の生地をラップで包み、電子レンジで加熱してから味見をします。味が薄い場合は調味料を足してください。

③ 刻んだパクチーを加えて混ぜ、生地を5等分して丸める。

④ パン粉に押しつけてしっかりとパン粉をつける。

⑤ 全体にパン粉をつけ、ハンバーグのように中央を少しへこませる。

3 揚げる

① 170℃の油で揚げる。

② 表面がしっかりと固まり、こんがりと色づいたらひっくり返す。

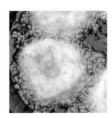

固まらないうちに触るとくずれるので、色づくまでじっと待ちましょう。

③ 両面が色づいてふっくらと揚がったらバットなどに上げて油を切る。サニーレタスと一緒に皿に盛って赤ピーマンを飾り、ナムチム ワーンを添える。

ガイ ヤーン

辛さ ★☆☆

東北スタイルの鶏肉のグリル

パクチーの香りが効いた、タイのイサーン地方（東北部）の名物料理。
ソムタムなどのサラダと組み合わせれば、パーティー料理にもぴったりです。

材料　2〜3人分

鶏もも肉 …… 1枚
手羽先 …… 4本

[ソース]

粒こしょう（黒）…… 小さじ1
コリアンダーシード …… 小さじ1
パクチーの根 …… 3本分
にんにく …… 3片

塩 …… 小さじ½
シーズニングソース …… 大さじ1
砂糖 …… 小さじ2

[つけ合わせ]

ナムチム ワーン（スイートチリソース）…… 適宜
サニーレタス …… 適宜
きゅうり、ミニトマト（あれば）…… 適宜

作り方

1　鶏肉の準備をする

① 鶏もも肉は余分な皮と脂肪を切り落とし、両面をフォークでまんべんなく刺し、ソースがしみやすいようにする。

② 手羽先は包丁で切り込みを入れる。

2　ソースを作る

① クロック（またはフードプロセッサー）に粒こしょうとコリアンダーシードを入れて叩きつぶす。

② パクチーの根、にんにくを加えて少し粒が残るくらいまでつぶす。

3　味をつける

① 鶏肉に塩をもみ込む。

② シーズニングソース、砂糖を加えてもみこむ。

③ 2のソースをもみ込む。

④ ポリ袋に入れて1時間以上おく。

1時間以上おく場合は
冷蔵庫で。一晩つけると
より味がしみ込みます。

4　焼く

① アルミホイルを敷いた天板に乗せ、表面にサラダ油（分量外）を塗る。

② 250℃に熱したオーブンで20分ほど焼く。串を刺して透明な汁が出たら焼き上がり。食べやすく切ってサニーレタス、きゅうり、ミニトマトと一緒に皿に盛り、ナムチムワーンを添える。

ナムチム ワーン
（スイートチリソース）

肉料理や揚げ物には欠かせないソース。
ナムチムはつけだれ、ワーンは
甘いという意味。簡単なので、
ぜひ手作りしてみてください。

辛さ ★★☆

材料　4〜5人分

酢…… 50ml
砂糖…… 35g
塩…… 小さじ½
プリック キーヌー ヘーン（乾燥唐辛子）…… 2本
赤ピーマン…… ¼個
にんにく…… ½片

作り方

① 材料を全てミキサーかフードプロセッサーに入れて攪拌する。

② 鍋に入れて弱火にかけ、混ぜながら少しとろみが出るまで煮詰める。

冷蔵庫で2週間ほど保存可能

ポーピア トード

揚げ春巻き

辛さ ☆☆☆

片栗粉を使わず、具をパラパラに炒めるのがタイ風の春巻き。
しっかりと味をつけているので、おかずにも、ビールのおつまみにも。

材料　2〜3人分

春巻きの皮 (ミニ)…… 10枚

[具]

にんにく…… 1片
豚ひき肉…… 50g
干ししいたけ…… 1個
オイスターソース…… 大さじ½
シーユーカーオ (または薄口しょうゆ)…… 大さじ½
にんじん…… 35g
キャベツ…… 75g
塩…… 小さじ¼
砂糖…… 大さじ¼

白こしょう…… 小さじ¼
春雨…… 25g
万能ねぎ…… 1本

[のり]

小麦粉…… 大さじ2
水…… 大さじ1

サラダ油…… 適宜

[つけ合わせ]

ナムチム ワーン (スイートチリソース)…… 適宜 (→p.35)
サニーレタス…… 適宜
赤ピーマン…… 少々 (あれば)

作り方

1 材料の準備をする

① にんにくはつぶしてからみじん切りにする。干ししいたけは水で戻し、千切りにする。春雨は水で戻し、3cmの長さに切る。

② にんじんは千切り、キャベツは太めの千切り、万能ねぎは小口切りにする。

2 具を炒める

① フライパンに油大さじ1をひいて中火でにんにくを炒め、香りが出たらひき肉を入れてパラパラになるまで炒める。しいたけを加えて炒める。

② オイスターソース、シーユーカーオを加えて混ぜる。

③ にんじん、キャベツを入れて炒め、しんなりしたら塩、砂糖、こしょうを加える。

④ 春雨を加えて炒める。

⑤ 春雨が透明になったら万能ねぎを加えて混ぜ、火を止める。

3 巻く

① 小麦粉と水を混ぜてのりを作る。

② 春巻きの皮の手前側に10等分した具を乗せる。

③ 手前から具を包むように巻く。

④ 左右をやや内側に向けて折り込む。

⑤ 縁に❶ののりを塗り、くるりと巻き上げる。

4 揚げる

① 170度の油でゆっくりときつね色になるまで揚げ、キッチンペーパーを敷いたバットに上げて油を切る。

② 皿に盛ってサニーレタスと赤ピーマンを飾り、ナムチム ワーンを添える。

カイ チョウ ムー サップ

ひき肉入り卵焼き

チョウは揚げ焼きの意味で、たっぷりの油で表面は香ばしく、中はふわっと揚げ焼きにします。
ご飯にも合いますし、タイではゲーン（カレー）と一緒に食べるのがポピュラー。

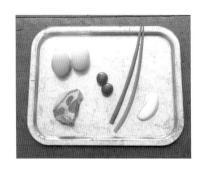

材料　2～3人分

卵…… 2個
塩…… 小さじ ¼
シーユーカオ（または薄口しょうゆ）…… 小さじ ½
白こしょう…… 小さじ ¼
豚肉（または豚ひき肉）…… 50g
玉ねぎ…… ⅛個
ミニトマト…… 2個
万能ねぎ…… 1本

[つけ合わせ]

チリソース…… 適宜（好みで）
パクチーの葉、赤ピーマン…… 適宜（あれば）

＊チリソースは唐辛子とにんにくの風味が強いソースで、
揚げ物や卵に合います。

作り方

1　材料の準備をする

① 豚肉は小さく切ってから包丁で叩き、粗めのミンチにする。

② 玉ねぎは 1 枚ずつはがして芯は取り除き、3mm の幅にくし切りにする。

③ ミニトマトは 4 つ割りにし、万能ねぎは 1cm の長さに切る。

2　卵生地を作る

① ボウルに卵を割り入れてほぐし、塩、シーユーカーオ、白こしょうを入れて軽く混ぜる。

② ミンチにした肉を散らし入れる。

③ 玉ねぎ、ミニトマト、万能ねぎを加える。

混ぜると肉や野菜から水分が出てしまうので、合わせるだけでOK。ボウルから水滴が落ちると油が飛び散って危険なため、ボウルの底はよく拭いておきます。

3　揚げ焼きにする

① フライパンにサラダ油大さじ 3（分量外）をひき、強火でしっかりと熱する。煙が立ったら 2 をゆっくりと流して弱火にする。

油を高温にすることで、周囲がフワフワと泡立ち、表面がカリッと焼き上がります。こんがりと色づくまで慌てずに待ちましょう。

② 裏側がきつね色になったらへらで裏返し、同様に焼く。

③ 最後にもう一度ひっくり返し、強火にしてカリッと焼き上げる。キッチンペーパーの上に取り、油を切る。

④ 皿に盛り、パクチーと赤ピーマンを飾り、好みでチリソースを添える。

ピークガイ ヤッサイ トード

辛さ ☆☆☆

手羽先の肉詰めフライ

手羽先にたっぷりの具を詰めれば、ボリュームのあるフライに大変身
見た目も華やかなので、ホームパーティーのメニューに加えてみてはいかが？

材料　2〜3人分

手羽先……5本

[具]

豚ひき肉……100g
塩……小さじ¼
水……大さじ1
粒こしょう（白）……小さじ¼
パクチーの根……½本
にんにく……¼個
シーユーカーオ（または薄口しょうゆ）……小さじ1
砂糖……小さじ½
片栗粉……大さじ½

春雨……8g
きくらげ……2枚
にんじん……15g

[衣]

小麦粉……大さじ3
水……大さじ3
パン粉……適宜

サラダ油……適宜

[つけ合わせ]

ナムチム ワーン（スイートチリソース）……適宜（→p.35）
パクチーの葉、赤ピーマン……適宜（あれば）

作り方

1 手羽先の骨を抜く

① 手羽先の2本の骨の間をキッチンばさみで切り、細い方の骨に沿って指を入れて身をはがす。

② 骨の関節部分から外側に向けて折り、ひねって抜く。

③ 太い方の骨は周囲をはさみで切ってから身をはがし、骨をひねって抜く。

2 具を作る

① 粒こしょうはクロック（またはフードプロセッサー）でつぶし、パクチーの根、にんにくを順に加えてつぶし、ペースト状にする。

② 春雨ときくらげは水で戻す。春雨は2cmの長さに切り、きくらげとにんじんは千切りにする。

③ ひき肉をボウルに入れて塩、水を入れて練る。

水を加えて練ることで、
肉がジューシーになります。

④ 肉が水分を吸収したら❶を混ぜ、シーユーカーオ、砂糖、片栗粉を混ぜる。

⑤ ❷を加えて混ぜる。

3 具を詰める

① 2を5等分し、骨を抜いた手羽先に詰める。

少量ずつ入れ込んで押し込んでいくと、
先までしっかり入ります。入れ口は
てからしっかりと閉じましょう。

② ラップをかけて600wのレンジで2分加熱し、表面の水分を拭き取る。

揚げるだけでは中まで火が
通りにくいので、必ず先にレンジで
中から加熱しておきます。

4 揚げる

① 小麦粉を水で溶き、衣を作る。3にムラなく衣をつけてからパン粉をつける。

② 170℃の油でじっくりと揚げる。

油に入れたら触らず、
パン粉がカリカリになったら
ひっくり返します。

③ こんがりと色づいたらキッチンペーパーの上で油を切る。

④ 皿に盛り、あればパクチーと赤ピーマンを飾りにあしらい、ナムチム ワーンを添える。

ムー デーン

辛さ ☆☆☆

タイ風チャーシュー

豚肉にたっぷりと調味料をすり込んで焼き上げるチャーシュー。
赤腐乳（デーン＝赤い、の意味）の独特の風味も、焼くとマイルドになります。

材料　作りやすい分量	［つけ合わせ］
豚かたまり肉（肩ロースまたはもも）…… 500g	サニーレタス …… 適宜
紹興酒（または日本酒）…… 大さじ 1	きゅうり、赤ピーマン …… 適宜（あれば）
塩…… 小さじ ½	
はちみつ…… 大さじ 2	
シーユーダム…… 小さじ 1	
シーズニングソース…… 大さじ 1	
紅腐乳（南乳）…… 大さじ 3	
ごま油…… 大さじ 1	【タイの食材メモ】
サラダ油…… 大さじ 1	

紅腐乳

紅麹を使って豆腐を発酵させた、
独特の風味を持つ調味料。中華食
材店などで入手できます。

作り方

1　肉に味をつける

① 豚かたまり肉は3cmの厚さに縦に切り分ける。

② 全面をフォークでまんべんなく刺し、味がしみやすいようにする。

③ 肉をボウルに入れ、紹興酒をかけてよくもみこむ。

紹興酒は初香に入れて
肉が吸収するまでもみ込み、
よく味をなじませます。

④ 塩をすり込み、はちみつ、シーユーダム、シーズニングソースを順にもみ込む。

⑤ 紅腐乳を加えて同様にもみ込む。

⑥ 肉が水分でふっくらとしたら、最後にごま油とサラダ油をもみ込む。

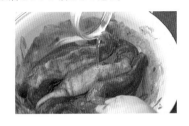

油を入れると水分を吸収
しなくなるため、必ず最後に
入れてください。

⑦ 調味料ごとポリ袋に入れて1時間以上おく。

1時間以上おく場合は
冷蔵庫で、一晩つけると
より味がしみ込みます

2　焼く

① 天板の上に網を乗せ、❶の豚肉を脂身を上に向けて並べる。天板に水1カップ（分量外）を入れ、200度に熱したオーブンで30分ほど焼く。

② 串を刺して透明な汁が出たら焼き上がり。

天板に落ちたたれは捨てないこと。
へらで集めてチャーシューごはん
（→p44）などのソースにします

③ オーブンから取り出し、冷めたら食べやすく切る。サニーレタスと薄切りにしたきゅうりと一緒に皿に盛り、赤ピーマンを飾る。

丸ごとラップで包み、
ポリ袋に入れれば冷凍保存できます。
食べる時は自然解凍し、電子レンジ
（200W）で様子を見ながら
加熱してください。

カーオ ムー デーン

辛さ★☆☆

チャーシューごはん

チャーシューを多めに作ったら、こんなワンプレートはいかが？
甘めのたれをかけ、ピリ辛のつけだれはお好みで少しずつ混ぜていただきます。

材料　2人分

ムーデーン（チャーシュー）…… 100g（→p.43）
ご飯…… 2杯

[つけ合わせ]

ゆで卵…… 1個
きゅうり…… ½本
パクチーの葉…… 適宜
万能ねぎ…… 2本（あれば）

[ごまだれ]

ムーデーンのソース…… 50㎖（→p.43）
五香粉…… 小さじ ⅛
ココナッツシュガー…… 大さじ ½
白こしょう…… 小さじ ¼
シーズニングソース…… 小さじ 1
いりごま（白）…… 大1
コーンスターチ…… 小さじ ½

[つけだれ]

シーユーダム…… 大さじ 1 ½
砂糖…… 大さじ 1 ½
酢…… 50㎖
塩…… 小さじ ¼
プリック チーファー（またはししとう）
…… 1～2本
プリック キーヌー（生唐辛子）…… 1本

作り方

1　ごまだれを作る

コーンスターチ以外の材料を鍋に入れて弱火で煮る。沸騰したら少量の水（分量外）で溶いたコーンスターチを加えて混ぜ、火を止める。

2　つけだれを作る

① プリック チーファーとプリック キーヌーは小口切りにする。

② 調味料を鍋に入れて火にかけ、沸騰したら火を止める。粗熱が取れたら❶を加える。

3　盛りつける

① 器にご飯を盛り、薄切りにしたムーデーンを並べる。

② 半分に切ったゆで卵、薄切りにしたきゅうり、パクチーの葉、万能ねぎを添える。

③ ごまだれをムーデーンの上にかけ、つけだれを添える。

バミー ヘーン ムー デーン

辛さ★★☆

チャーシュー入り油そば

にんにく油と粉唐辛子を和えた、ピリリと辛い油そば。
手軽に作れるので、夏場のスタミナ料理にもおすすめです。

材料　2人分

中華麺…… 2袋

にんにく油…… 大さじ1⅓ (→p.13)

シーユーカーオ…… 小さじ½

砂糖…… 小さじ1

ナムプラー…… 小さじ1

プリック ポン (粉唐辛子)…… 小さじ1

酢…… 小さじ1

[トッピング]

ムーデーン (チャーシュー)…… 100g (→p.43)

青菜 (青梗菜または小松菜)…… 1わ

タンチャイ (タイの漬物)…… 小さじ2

万能ねぎ…… 2本

パクチーの葉…… 適宜

クラッシュピーナッツ…… 大さじ2

プリックポン、砂糖…… 適宜

作り方

1　材料の準備をする

① 青菜は食べやすく切り、10秒ほど塩ゆでにする。万能ねぎは1cm幅に切る。

② タンチャイは水に浸けて塩を抜き、水気を切る。

2　中華麺を味つけする

① たっぷりの湯を沸騰させ、中華麺を硬めにゆでる。水で洗ってぬめりを取り、もう一度熱湯をかけてからざるに上げて水気を切る。

② ボウルに❶を入れ、調味料を入れて混ぜ合わせる。

3　盛りつける

器に青菜を敷いて2を盛り、ムーデーンを並べて残りのトッピングを乗せる。

4 一品でごちそう、ごはんと麺

タイの家庭や屋台で人気のメニューをセレクトしました。
お米は日本米でもかまいませんが、やはりジャスミンライスがよく合います。

パット ガパオ ムー ラートカーオ カイダーオ　辛さ ★★★

豚肉のバジル炒めごはん、揚げ卵添え

炒める時にむせてしまうほど煙が出ますが、それがおいしい作り方。
辛味とガパオの香りが効いているので、揚げ焼きにした卵を添えてマイルドに。

材料　2人分

にんにく……3片（20g）
プリック キーヌー（生唐辛子）……3〜4本
豚肉（肩ロースまたはもも）……200g
赤ピーマン……1個
バイカパオ（ホーリーバジル）……20g
鶏がらスープ……大さじ2

卵……2個
ごはん……2杯

[ソース]

シーズニングソース……小さじ1
シーユーカーオ（または薄口しょうゆ）……小さじ1
シーユーダム……小さじ1
オイスターソース……小さじ1
砂糖……小さじ½

[つけ合わせ]

プリック ナムプラー……適宜（→p.48）
きゅうり……½本

作り方

1　材料の準備をする

① ざく切りにしたにんにく、プリック キーヌーをクロック（またはフードプロセッサー）に入れる。

② 少し形が残る程度に叩き潰す。

少し形が残る程度に、みじん切りでも大丈夫です。

③ 豚肉は包丁で小さく切り、さらに叩いてミンチ状にする。

③ 赤ピーマンは種と白っぽい部分を取り除き、5mm幅の斜め切りにする。

2　揚げ卵を作る

① 卵は1個ずつ小さいボウルに割り入れる。油に水滴が入ると飛び散って危険なため、ボウルの底はよく拭いておきます。

② フライパンにサラダ油大さじ3（分量外）をひき、強火でしっかりと熱する。煙が立ったら❶をゆっくりと入れて弱めの中火にする。

油を高温にすることで周囲が泡立ち、カリカリになります。

③ へらで黄身に油をかけながら焼く。

④ 半熟になったらバットに取り、油を切る。

3　ソースを作る

ソースの材料を全て混ぜ合わせる。

4　炒める

① フライパンを強火で熱し、サラダ油大さじ1（分量外）を入れ、つぶしたにんにくとプリック キーヌーを炒める。

刺激臭と煙が出るため、
換気は十分に！

② ミンチにした豚肉を加えて炒める。

③ 鶏がらスープとソースを加えて混ぜ合わせる。

④ 赤ピーマンを入れてさっと炒め、バイカパオを加える。

⑤ ガパオの香りが立ったら火を止める。

⑥ 皿にごはんを盛り、❺をかける。ごはんの上に揚げ卵をのせ、薄切りにしたきゅうりを添える。プリックナムプラーを添える。

【 パット ガパオ （バジル炒め）】

タイ人にとってのファストフードで、注文屋台で気軽に食べられる料理です。日本ではご飯と目玉焼きがセットになっていますが、現地では「パット ガパオ」だとバジル炒めだけで出てくるため、ご飯、目玉焼きは別に注文します。その時に、卵を半熟にするかどうかなど、細かい注文もできます。

プリック ナムプラー

（ナムプラーソース）

ナムプラーとプリック キーヌーを合わせた、
ごはんによく合うソース。
皮つきのレモンを使った爽やかな
酸味がポイントです。

辛さ ★★☆

材料　2人分

プリック キーヌー（生唐辛子）…… 2本
にんにく …… 1片
レモンの輪切り …… 1枚
ナムプラー …… 大さじ2
砂糖 …… 小さじ¼

作り方

① プリック キーヌーは小口切りにする。にんにくはみじん切りにする。

② レモンは皮つきのまま細いいちょう切りにする。

③ ❶、❷とナムプラー、砂糖を混ぜ合わせる。

ドリンク三種

タイ料理にはタイのドリンクを合わせて召し上がれ。
冷たい飲み物2種と、やさしい香りのホットレモングラスティーを紹介します。

バイ サラネー パン
ミントシェイク

材料　2人分

ミントの葉 …… 10g
砂糖 …… 50g
塩 …… 小さじ ⅛
氷 …… 250g
水 …… 少々

作り方

ミキサーに材料を全て入れてなめらかになるまで撹拌し、グラスに入れる。

ナーム マカーム
タマリンドジュース

材料　2人分

タマリンド …… 大さじ1
水 …… 1.5カップ
砂糖 …… 大さじ2
塩 …… 小さじ ⅛

作り方

① タマリンドを水につけてから指でつぶす（→p.55）。中火にかけて煮溶かし、溶けたらざるを通して種をこし取る。

② 砂糖、塩を加えて溶かし、鍋底を水につけて冷やす。グラスに入れ、好みで氷を加える。

チャー タックライ
レモングラスティー

材料　2人分

レモングラス …… 1本
水 …… 1.5カップ
砂糖（またははちみつ）…… 小さじ2

作り方

① レモングラスはサークなどで叩いてよくつぶし、3つに切る（→p.69）。

② 鍋に水を入れて火にかけ、沸騰させる。

③ ❶のレモングラスを入れ、ふたをして中火で5分煮出す。

④ 好みで砂糖を混ぜ、カップに注ぐ。

カーオ パット クン

辛さ☆☆☆

海老チャーハン

パラッとしたタイのお米はチャーハンにぴったり。
プリプリの海老と卵のやさしい味わいに、プリックナムプラーを添えていただきます。

材料　2人分

卵 …… 2個
玉ねぎ …… ¼個
ごはん …… 400g（→p.17）
海老（ブラックタイガー）…… 6尾
ミニトマト …… 3個
万能ねぎ …… 1本

[調味料]

シーユーカーオ（または薄口しょうゆ）…… 小さじ ½
シーズニングソース …… 小さじ 1
塩 …… 小さじ ½
砂糖 …… 小さじ 1
酢 …… 小さじ 1
白こしょう …… 少々

[つけ合わせ]

プリックナムプラー …… 適宜（→p.48）
レモン …… ¼個
きゅうり …… ½本
パクチー …… 適宜（あれば）

作り方

1　材料の準備をする

① 玉ねぎは1枚ずつはがし、2mm幅に切る。

② 海老は尻尾を残して殻をむき、背開きにして背わたを取る（→p.15）。

③ 鍋に湯を沸騰させ、海老を入れて15秒ほどゆでて取り出す。

④ ミニトマトは半分に切る。万能ねぎは小口切りにする。

2　調味料を合わせる

調味料の材料を全て混ぜ合わせる。

3　炒める

① 炒める直前に温かいごはんをボウルに入れて2をかける。

② フライパンを強火で熱してサラダ油大さじ2（分量外）をひき、熱くなったら卵を割り入れてほぐす。

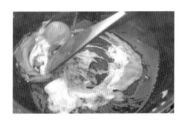

③ 卵が油を吸ったら玉ねぎを入れ、炒める。

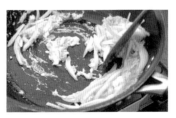

④ ❶のごはんと調味料を一気に入れる。

⑤ フライパンをあおりながら、へらで底から返すようにして混ぜる。

⑥ 全体がムラなく混ざったら、海老、ミニトマト、万能ねぎを入れて火を止める。

⑦ さっと混ぜて皿に盛り、くし切りにしたレモンときゅうりの薄切りを添える。あればパクチーを飾りにあしらい、好みでプリックナムプラーを添える。

カーオ マン ガイ

辛さ ★☆☆

タイ風チキンピラフ

海南島で発祥し、アジア全土に広がった、屋台でも人気の一品。
しっとりしたもも肉に、しょうがとタオチオを効かせたソースを添えるのがタイ式です。

材料　2人分

鶏もも肉 (皮つき) …… 1枚
水 …… 1ℓ
塩 …… 大さじ ½
粒こしょう (白) …… 小さじ ½
パクチーの根 (あれば) …… 1本
しょうが …… 5g
にんにく …… 1片
ジャスミンライス …… 1合 (180㎖)
砂糖 …… 小さじ 1
大根 …… 200g
万能ねぎ …… 1本

[ソース]

しょうが …… 15g
にんにく …… 1片
シーユーカーオ (または薄口しょうゆ) …… 大さじ 1
タオチオ …… 大さじ 1
砂糖 …… 大さじ 1
酢 …… 大さじ 1
プリック キーヌー (生唐辛子) …… 1〜2本

[つけ合わせ]

きゅうり …… ½本
パクチーの葉 …… 適宜

作り方

1　鶏肉をゆでる

① 鶏もも肉は肉からはみ出した部分の皮と脂を切り取り、炒め脂用に取っておく。

② 粒こしょうとパクチーの根をクロック（またはすり鉢）に入れて軽くつぶし、だしパックに入れる。

③ 鍋に水、塩、❷を入れて沸騰させ、❶の鶏肉を入れたらとろ火にして火が通るまで15〜20分ゆでる。

④ 火を止めて鶏肉をゆで汁の中で冷ます。

⑤ 鶏肉を取り出してラップをかけておく。

2　米を炊く

① しょうがとにんにくは包丁で叩いてつぶす。

② フライパンを弱火で熱して1で取り分けた皮と脂を炒め、油が出たら皮を取り出す。

③ ❶を入れ、香りが出るまで炒める。

④ ジャスミンライスを加えて中火にし、米が油を吸ってパラパラになるまで炒める。

⑤ 炊飯器に入れ、1のゆで汁1カップ、砂糖を加えて普通モードで炊飯する。

3　スープを作る

① 大根を1.5cm角のさいの目切りにする。万能ねぎを1cmに切る。

② 1の残りのゆで汁に大根を入れ、柔らかくなるまで煮る。

③ 火を止め、万能ねぎを加える。

4　ソースを作る

① 薄切りにしたしょうがとにんにくをクロック（またはすりおろす）に入れ、ペースト状になるまで叩きつぶす。調味料をすべて入れて混ぜ合わせる。

② プリック キーヌーは小口切りにして最後に加える。

5　仕上げる

① 鶏肉は皮を上にしてももとふくらはぎの部分で切り分ける。繊維に沿って縦に1cm幅にスライスする。

② 皿に2のごはんを盛り、鶏肉ときゅうりの薄切りを並べる。パクチーを飾り、4のソースを添える。3のスープを器に入れて添える。

パット タイ

フライドライスヌードル

タイを代表する人気の料理で、訳すと "タイ国炒め"。
タマリンド入りの甘ずっぱいソースが決め手。春雨で作ってもおいしいです。

材料　2人分

ホムデン（赤小玉ねぎ）…… 3個
センレック（米麺）…… 100g
たくあん…… 1cm（3g）
厚揚げ…… 50g
干し海老…… 30g
卵…… 2個
もやし…… 1袋
にら…… ½わ
海老（ブラックタイガー）…… 4尾
ピーナッツ（またはクラッシュピーナッツ）…… 30g

＊ホムデンがない場合は赤玉ねぎか普通の玉ねぎ¼個を使ってください。
＊タイではたくあんに似た甘味のある漬物を使います。

［ソース］

タマリンド…… 大さじ2
水…… 150㎖
ナムプラー…… 大さじ1
ココナッツシュガー…… 大さじ3

［つけ合わせ］

レモン（くし切り）…… 2切れ
卓上調味料…… 適宜（→p.13）

作り方

1 材料の準備をする

① 海老は尻尾を残して殻をむき、背開きにして背わたを取る。（→p.15）

② ホムデンは縦に薄切りにする。

③ センレックは水につけて戻し、水の中で手で握って割れなければOK。ざるに上げて水を切る。

④ たくあんは千切りにし、厚揚げは細切りにする。干し海老は少量の水（分量外）で戻し、水気を切る。

厚揚げはそのまま炒めてもかまいませんが、さっと少量のサラダ油（分量外）で揚げるとくずれなくなります。

⑤ にらは根元を飾り用に15cm残して切り、葉は4cm幅に切る。もやしの⅓量は飾り用に取り分け、ひげ根を取る。

⑥ ピーナッツはクロック（または粗みじん切りにする）で粗く砕く。

2 ソースを作る

① タマリンドを水につけてふやかし、指でつぶす。

② ざるを通して種をこし取る。

③ 鍋に❷、ナムプラー、ココナッツシュガーを入れ、中火にかける。混ぜながら、中濃ソース程度のとろみがつくまで煮詰める。

ここで味見をします
酸味、甘味、塩味を順に
添えればOK。

3 炒める（1人分ずつ）

① フライパンを強火で熱し、サラダ油大さじ1（分量外）を入れ、ホムデンを炒める。

一度にたくさん炒めるとうまくいかないので、必ず材料を半量ずつ、分けて1人分ずつ手早く炒めてください。

② 戻したセンレックを入れて炒める。焦げそうな場合は少量の水を足す。

③ センレックが柔らかくなったら2のソースを加えて手早く混ぜる。

④ たくあん、厚揚げ、干し海老を加えてさっと炒める。

⑤ 具を向こう側に寄せて手前にサラダ油小さじ2（分量外）を入れ、卵1個を入れて溶きほぐす。

⑥ 全体を混ぜ合わせ、にらの葉、もやし、海老、ピーナッツ（飾り用に少し残す）を入れてさっと混ぜ合わせて火を止める。

⑦ 器に盛り、にら、もやし、くし切りにしたレモン、ピーナッツを添える。卓上調味料で好みの味付けをし、よく混ぜて食べる。

ラーット ナー バミー クロープ

辛さ☆☆☆

豚肉と青梗菜の中華風あんかけ麺

パリパリに焼いた麺が見えなくなるほど、たっぷりとあんをかけます。
やさしい味わいなので、卓上調味料を添えて好みの辛さに。

材料　2人分

焼きそば麺 …… 2玉
豚肉 (肩ロースブロック) …… 150g
オイスターソース …… 大さじ1
紹興酒 (または日本酒) …… 小さじ1
サラダ油 …… 大さじ½
片栗粉 …… 小さじ1
カリフラワー、にんじん、しめじ
　…… 合わせて100g
青梗菜 (または小松菜) …… 1株

＊青菜以外の野菜はお好みで。ブロッコリーを入れてもおいしいです。

[あん]

鶏がらスープ …… 500㎖ (→ p.13)
オイスターソース …… 大さじ1
シーズニングソース …… 大さじ½
タオチオ (またはみそ) …… 大さじ1
砂糖 …… 大さじ½
片栗粉 …… 大さじ2
水 …… 大さじ2
白こしょう …… 適宜
卓上調味料 …… 適宜 (→ p.13)

作り方

1　材料の準備をする

① 豚肉は削ぎ切りにし、オイスターソース、紹興酒、サラダ油、片栗粉をもみ込んで下味をつける。

② カリフラワーは一口大に切り、しめじは石づきを切り落としてほぐし、にんじんは薄い輪切りにする。

③ 青梗菜は根元を3㎝ほど切り、縦に8つ割りにする。葉は4㎝幅に切る。

2　麺を焼く

① 麺は1玉ずつ焼く。中華鍋にサラダ油大さじ1（分量外）をひき、麺を入れてへらで押さえながらパリパリになるまで焼きつける。

② 裏返して両面同じように焼く。キッチンペーパーの上で油を切り、深めの皿に入れておく。

3　あんを作る

① フライパンに鶏がらスープを入れて強火にかける。沸騰したらオイスターソース、シーズニングソース、タオチオ、砂糖を入れて混ぜる。

② 下味をつけた肉に❶のスープを少し加えて混ぜ、フライパンに入れて軽くほぐす。

④ 再沸騰したらカリフラワー、しめじ、にんじんを入れて混ぜ、火を通す。

⑤ 片栗粉を水で溶き、少しずつ加えながら混ぜてとろみをつける。

⑥ 青梗菜を加えてさっと混ぜ、鮮やかな緑色になったら火を止める。

⑦ 2にあんをかけ、白こしょうを振る。卓上調味料を添える。

5 スパイシーなカレーとスープ

グリーンカレーやトムヤムクンなど、これぞタイ料理というレシピをご紹介します。
辛さだけではない、やみつきになる美味しさを楽しんでください。

ゲーン キョウ ワーン ヌア

辛さ★★☆

牛肉のグリーンカレー

青唐辛子の爽やかな辛味で、日本でも大人気のカレー。現地では牛肉入りが定番です。
ココナッツミルクでペーストを炒め、色も香りも鮮やかに仕上げます。

材料　2人分

なす……2本
牛厚切り肉（肩ロースまたはもも）……200g
赤ピーマン……½個
ココナッツミルク……250㎖（1パック）
鶏がらスープ……100㎖（→p.13）
グリーンカレーペースト……25g
ガピ……小さじ¼（あれば）
ナムプラー……大さじ½
ココナッツシュガー……大さじ½
マックアポワン（スズメナスビ）……15g（あれば）
バイマクルー（こぶみかんの葉）……3枚
バイホーラパー（スイートバジル）……10g
ごはん……2杯（→p.17）

＊ココナッツミルクは粉の混ざっていないパックタイプ（→p.9）を使ってください。
＊牛肉ではなく豚肉や鶏肉で作ってもおいしいです
＊マックアポワンは甘くマイルドなしし食感の白い小さなすです。

作り方

1 材料の準備をする

① なすは皮をむいて厚さ1.5cmの半月切りにする。

② 水につけてアクを抜く。

③ 牛肉は薄く削ぎ切りにする。

薄切りの肉でも作れますが、かたまり肉の方が風味よく仕上がります。

④ 赤ピーマンは種と白っぽい部分を取り除き、5㎜幅の斜め切りにする。

⑤ バイマクルーは縦に二つ折りにして軸をちぎり取る。バイホーラパーは葉をちぎる。

⑥ ココナッツミルクは固形分（脂肪）と水分に分ける。

固形分を油として使うため、振らずに開封してください。

⑦ 鍋にココナッツミルクの水分と鶏がらスープを入れ、温める。

2 カレーを作る

① 別の鍋にココナッツミルクの固形分のうち半量を入れて中火にかけ、時々混ぜながら加熱する。

② 油が完全に分離したらグリーンカレーペーストとガピを入れて炒める。

しっかり分離しないうちに
入れると、ペーストが
黒ずんでしまいます。

③ 香りが出たら、牛肉を加えてさっと混ぜる。

④ 温めておいたスープを注ぎ、牛肉に火が通るまで煮る。

⑤ ナムプラー、ココナッツシュガーを入れて混ぜる。

ここで味見をします。
塩味とココナッツミルクの甘味の
バランスがよければOK。

⑥ なす、マックアポワンを入れて火が通るまで煮る。

⑦ バイマクルー、赤ピーマンを入れる。

⑧ バイホーラパーを入れてさっと混ぜる。

⑨ バイホーラパーの香りが立ったらココナッツミルクの残りの固形分を加え、すぐに火を止めて混ぜ合わせる。

最後にココナッツミルクを
加えることで、風味が
よくなります。

⑩ 器に入れ、あればバイホーラパー（分量外）を飾る。ごはんは別の皿に盛る。

カーオ パット ゲーン キョウ ワーン

辛さ ★☆☆

グリーンカレーチャーハン

グリーンカレーペーストを使った、ドライカレー風のチャーハン。
卵とココナッツミルクの風味でマイルドな味わいです。

材料　2人分

卵 …… 2個

ココナッツミルクパウダー …… 大さじ1

湯 …… 大さじ1

グリーンカレーペースト …… 大さじ1（→p.59）

バイマクルー（こぶみかんの葉）…… 2枚

ナムプラー …… 小さじ2

砂糖 …… 小さじ1½

なす …… ½本

マックアポワン（スズメナスビ・あれば）
　　…… 30g（→p.59）

ごはん …… 400g（→p.17）

鶏むね肉 …… 50g

海老（ブラックタイガー）…… 6尾

ピーマン（赤、緑合わせて）…… ½個

ミニトマト …… 3個

バイホーラパー（スイートバジル）…… 5g（あれば）

作り方

1　材料の準備をする

① ココナッツミルクパウダーは湯で溶く。バイマクルーは二つ折りにして軸を取り、細かくちぎる。バイホーラパーは葉をちぎる。

② なすは皮をむいて2cmの輪切りにし、6等分のいちょう切りにして水につける。

③ 鶏むね肉は薄くそぎ切りにして、熱湯でゆでる。海老は尻尾を残して殻をむき、背開きにしてさっとゆでる。（→p.15）

④ ピーマンは種と白っぽい部分を取り、1.5cm角に切る。ミニトマトは半分に切る。

2　炒める

① フライパンにサラダ油大さじ2（分量外）をひき、強火で熱する。弱火にして卵を入れてかき混ぜ、いったん取り出す。

② 弱火にしてココナッツミルクを炒める。グリーンカレーペースト、バイマクルー、ナムプラー、砂糖を入れて混ぜる。

③ なす、マックアポワンを入れて炒め、ごはんを入れて炒める。

④ 海老、鶏肉、ピーマン、ミニトマトを加えてさっと炒め合わせる。

⑤ バイホーラパーを加え、鮮やかな色になったら❶の卵を加えて混ぜ、皿に盛る。あればバイホーラパーと赤ピーマンを飾る。

パネーン ガイ

辛さ★★☆

鶏肉のココナッツカレー

パネーンはゲーンよりも汁けの少ないカレーで、平皿に盛りつけます。
レッドカレーペーストの辛さとココナッツミルクがマッチした濃厚な味わい。

材料　2人分

コリアンダーシード ...... 大さじ1（5g）

クミンシード ...... 大さじ½弱（2.5g）

ピーナッツ 大さじ1

レッドカレーペースト 25g

鶏もも肉（正味）...... 150g

ココナッツミルク ...... 250㎖（1パック）

ナムプラー ...... 大さじ½

ココナッツシュガー 小さじ1

バイマクルー（こぶみかんの葉）...... 2枚

バイホーラパー（スイートバジル）...... 10g

赤ピーマン ...... 少々（あれば）

ごはん ...... 2杯（→ p.17）

＊ココナッツミルクは粉の混ざっていないパックタイプ
（→ p.9）を使ってください。

【タイの食材メモ】

レッドカレー
ペースト

完熟した赤唐辛子で作ったペース
ト。市販品ではこれがおすすめで
す。残った分は冷蔵でも保存でき
ますが、1回分ずつ小分けにして
冷凍すれば長期保存できます。

作り方

1　ペーストを作る

① コリアンダーシードはフライパンで乾炒りし、香りが立ったらクミンシードを加えて炒る。

② クロック（またはフードプロセッサー）に❶を入れて粉末状になるまで叩きつぶす。

③ ピーナッツを加えてさらにつぶし、ペースト状にする。

④ レッドカレーペーストを加えてよく混ぜる。

2　材料を準備する

① 鶏もも肉は皮を取り除き、繊維に沿って縦に削ぎ切りにする。

② バイマクルーは縦に二つ折りにして軸をちぎり取り、ごく細い千切りにして乾燥しないようにラップをかけておく（→p.21）。バイホーラパーは葉をちぎる。

③ ココナッツミルクは固形分（脂肪）と水分に分ける（→p.59）。

④ 鍋にココナッツミルクの水分を入れ、温める。

3　パネーンを作る

① 別の鍋にココナッツミルクの固形分のうち⅔量を入れて中火にかけ、時々混ぜながら加熱する。

② 油が完全に分離したら、❶のペーストを入れて香りが出るまで炒める。

③ 鶏肉を加えて混ぜる。

④ 温めておいたココナッツミルクの水分を加え、鶏肉に火が通るまで煮る。

⑤ ナムプラー、ココナッツシュガーを入れて混ぜる。

⑥ バイマクルーの半量を加えて火を止め、さっと混ぜる。

⑦ 皿にバイホーラパーを敷き、❻を盛る。残しておいたココナッツミルクの固形分をかけ、バイマクルーを散らす。赤ピーマンを飾り、ごはんは別の皿に盛る。

ゲーン ソム クン パック ルワム

辛さ★★☆

海老と野菜のサワーカレー

タマリンドの酸味が効いた、酸っぱくて辛いカレースープ。
ひと手間かけたアジのペーストが独特のコクと旨味を出してくれます。

材料　2人分

タマリンド …… 40g

水 …… 100mℓ

あじ …… 1尾

鶏がらスープ (または水) …… 1.5カップ

[ペースト]

プリックチーファーヘーン (乾燥唐辛子・大)
　　…… 2本

プリック キーヌーヘーン (乾燥唐辛子・小)
　　…… 3〜4本

ホムデン (赤小たまねぎ) …… 3個

ガシャーイ …… 15g

塩 …… 小さじ ½

ガピ …… 小さじ ½

ナムプラー …… 大さじ 1 ½

ココナッツシュガー …… 大さじ 1

大根 …… 2cm (50g)

にんじん …… 3cm (25g)

いんげん …… 3本

カリフラワー …… ¼ 個

白菜 (またはキャベツ) …… 2枚

海老 (ブラックタイガー) …… 5尾

ごはん …… 2杯 (→ p.17)

作り方

1 材料を準備する

① 大根はいちょう切り、にんじんは輪切りにする。いんげんは3cmの斜め切りにする。カリフラワーは食べやすい大きさに切る。白菜は3cm幅に切る。

② 海老は尻尾を残して殻をむき、背開きにする。（→p.15）

③ 唐辛子（プリックチーファーヘーンとプリック キーヌーヘーン）はキッチンばさみで5mm幅に切り、水で戻す。

④ ホムデンは横に薄切りにし、ガシャーイは小口切りにする。

⑤ タマリンドは水で溶かしてタマリンドウォーターを作る。（→p.55）

⑥ あじはぜいごを切り取り、えらを取る。胸びれの下に切り込みを入れて内臓を取り出す。水できれいに洗って半分に切り、尻尾の方はさらに半分に切る。

⑦ 小鍋に鶏がらスープを入れて強火にかけ、沸騰したらあじの頭の半身を入れてゆでる。

⑧ 火が通ったら取り出し、あじの骨や皮をていねいに取り除いて身をほぐす。ゆで汁は取っておく。

⑨ クロック（またはフードプロセッサー）に入れてペースト状になるまでつぶす。

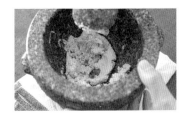

2 ペーストを作る

① クロック（またはミキサーなど）に水気を絞った唐辛子、ホムデン、ガシャーイ、塩、ガピを入れて叩きつぶす。

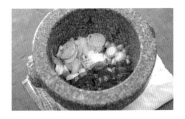

② 材料の形状が見えなくなるくらいつぶれたら、ミキサーかフードプロセッサーに入れ、魚のゆで汁を少量加えて撹拌する。

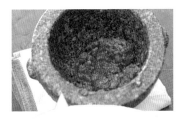

3 煮る

① 残りの魚のゆで汁（約1.5カップ。足りなければ水を足す）に2のペーストを入れる。

② タマリンドウォーターを加える。

③ あじのペースト、ナムプラー、ココナッツシュガーを入れて混ぜ、強火にかける。

④ 沸騰したところに残しておいたあじを入れ、再沸騰させる。

⑤ 野菜を硬いものから順に入れ、火が通るまで煮る。

⑥ 海老を入れて色が変わったら火を止め、器に盛る。ごはんは別の皿に盛る。

トム チューット ムー サップ

辛さ ★☆☆

豚肉と春雨のスープ

春雨や野菜、豆腐がたっぷり入った、あっさり味の具だくさんスープ。
スパイシーな肉だんごとにんにく油が味の引き締め役です。

材料　2〜3人分

[肉だんご]

豚肉 (肩ロース) …… 50g
粒こしょう (白) …… 小さじ¼
にんにく …… ½片
パクチーの根 …… ½本
塩 …… 小さじ¼
水 …… 大さじ1
片栗粉 …… 小さじ1

[スープ]

鶏がらスープ …… 500mℓ (→ p.13)
塩 …… 小さじ½

砂糖 …… 小さじ1
シーユーカーオ (または薄口しょうゆ) …… 大さじ½
白菜 (またはキャベツ) …… 2枚
春雨 …… 20g
きくらげ …… 3枚
豆腐 (木綿) …… ½丁
万能ねぎ …… 1本

[つけ合わせ]

にんにく油 …… 適宜 (→ p.13)
白こしょう …… 少々
パクチーの葉 …… 適宜

作り方

1 　材料を準備する

① にんにくとパクチーの根はざく切りにする。

② 豚肉は包丁で叩いてミンチにする。
（→p.16）

③ 白菜は芯の部分は縦二つ割りにし、4 cm
幅に切る。

④ 春雨ときくらげは水で戻し、春雨は3 cm
長さに切る。きくらげは半分に切る。

⑤ 豆腐は4等分に切る。万能ねぎは3 cmの
長さに切る。

2 　肉だんごを作る

① クロック（またはフードプロセッサー）
に粒こしょう、にんにく、パクチーの根を
入れてよく叩きつぶし、ペースト状にす
る。

② ミンチにした肉を入れてよく混ぜる。

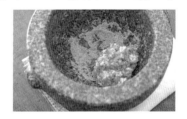

③ 塩、水、片栗粉を加えてへらで混ぜ、さ
らに手でこねる。

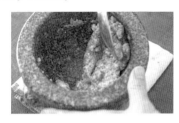

3 　煮る

① 鍋に鶏がらスープを入れて強火にかけ、
沸騰したら❷を指先で小さくまとめながら
入れていく。

② 肉に火が通ったら塩、砂糖を入れる。

③ 白菜、春雨、きくらげを入れて春雨が透
明になるまで煮る。

④ 豆腐、万能ねぎを入れたら火を止める。

⑤ 香りづけにシーユーカーオを加え、器に
盛る。にんにく油を加え、白こしょうを振
り、パクチーを添える。

【 辛さのバランス 】

トム＝煮る、チューット＝味が薄いと
いう意味で、すまし汁のこと。現地で
は、辛いおかずには辛くないスープの
トム チューット、おかずが辛くなけれ
ば辛いトム ヤムなどを合わせます。辛
いもの好きのタイ人とはいえ、バラン
スは大事なようです。

トム ヤム クン ナーム コン

辛さ★★☆

海老のスパイシースープ

酸味と辛味、ハーブの香りのバランスが絶妙な、海老が主役のスープ
ココナッツミルクで甘味とコクを加えた濃厚なタイプです。

材料　2〜3人分

有頭海老 (ブラックタイガー) …… 4尾
鶏がらスープ …… 500㎖ (→ p.13)
塩 …… 小さじ½
レモングラス …… 1本
パクチーの根 …… 1本
プリック キーヌー (生唐辛子) …… 3本
カー (またはしょうが) …… 10g

[ハーブペースト (あれば)]

レモングラス (薄切り) …… 5g
カー (みじん切り) …… 3g
ホムデン (薄切り) …… 3g

しめじ …… ½パック
ホムデン (小赤玉ねぎ) …… 1個
ナムプラー …… 大さじ1
レモン汁 …… 大さじ2
ナムプリックパオ (チリインオイル) …… 大さじ1
ココナッツミルク (固形分) …… 50㎖
ミニトマト …… 2個
バイマクルー (こぶみかんの葉) …… 3枚
パクチー …… 適宜

＊ハーブペーストはよりコクを出すためのもの。入れなく
ても作れます。

作り方

1　材料を準備する

① レモングラス、カー、パクチーの根、プリック キーヌーはサーク（または包丁の柄など）で叩いてつぶし、レモングラスは3つに切る。

② 海老は頭を腹側から背側に向けて折り取る。

③ 身は尻尾の剣先を折り取り、殻つきのまま背開きにする。

④ しめじは石づきを切り落としてほぐす。ホムデンはくし切りにし、ミニトマトは半分に切る。バイマクルーは縦に二つ折りにして軸をちぎり取る。（→p.21）

2　ハーブペーストを作る

① クロック（またはフードプロセッサー）にハーブペースト用のレモングラス、カー、ホムデンを入れてペースト状になるまで叩きつぶす。

3　煮る

① 鍋に鶏がらスープを入れて強火にかける。沸騰したら塩、海老の頭を入れる。

② 海老の色が変わったら2のペーストを入れて混ぜ、アクを取る。

③ しめじ、ホムデンを入れる。

④ しめじに火が通ったら、ナムプラー、レモン汁、ナムプリックパオ、ココナッツミルクを入れて混ぜる。

⑤ つぶしたレモングラス、カー、パクチーの根、プリック キーヌーを加える。

⑥ ハーブの香りが立ったら海老の身を入れ、さっと煮る。

⑦ 海老の色が変わったら火を止め、ミニトマト、バイマクルーを加える。

⑧ 器に盛り、パクチーをあしらう。

【 2種類のトムヤム 】

トム ヤム クン（クン＝海老。鶏肉のトム ヤム ガイも一般的）には2種類あり、語尾にナーム サイ（ナーム＝水、サイ＝透き通った）がつくものはさっぱりとハーブとマナーオ（ライム）の酸味を楽しむスープ。ナーム コン（コン＝濃厚な）の方はココナッツミルクや牛乳などを加えた、マイルドなコクを楽しむスープです。

6 至福のデザート

スパイスやハーブの効いた食事を楽しんだ後は、甘いデザートをどうぞ。
ナムケンサイ（かき氷）など、屋台でおなじみの味もご紹介します。

プディン マムアン

マンゴープリン

完熟のタイマンゴーと生クリームを混ぜ合わせて冷やし固めるだけ。
素材の味を楽しめる、シンプルでおいしいデザートです。

材料 2～3人分

砂糖…… 大さじ1
水…… 50㎖
粉ゼラチン…… 2.5g
タイマンゴー…… 1個
生クリーム（乳脂肪40％以上）…… 75㎖

[飾り]

ミント…… 少々 （あれば）

※生クリームはふだんお使いのものをお使いください。
乳脂肪分が高い方がよりコクが出ておいしく仕上がります。

作り方

① 砂糖と水を鍋に入れて火にかけ、砂糖が
溶けたら火を止める。ゼラチンを入れて溶
かし、冷ましておく。

② マンゴーは皮をむき、種の上に包丁を入
れて魚の三枚おろしの要領で実をそぎ切る。

③ 反対側も同様にして切り、種の周囲の
実を手で取る。半量をミキサーかフードプ
ロセッサーにかけてピューレにする。

④ 残りの半量は横に1cm幅に切り、食感
が残る程度に手でつぶす。

⑤ ボウルに❸と❹のマンゴーを入れ、❶
のゼラチン液を加えて混ぜる。

⑥ 生クリームを加えて混ぜる。

ここで味見をします。冷たいと甘味を
感じにくくなるため、少し甘めが強いと
感じればOK。冷たくない生クリームを使うと
固まりが早まるので早めに流し入れてください。

⑦ グラスなどに流し入れて冷蔵庫で1～2
時間冷やし固める。食べる時にミントをあ
しらう。

ゼラチンは時間がたつと
固くなってくるので、
固まりきる前にすばやく
注ぎ入れてください。

マンゴー

【タイの食材メモ】 タイマンゴーは日本のものとは出回る時期や、初夏にかけてなど、かなりたくさん輸入されています。きめ細かな食感で水分が多く、甘く香りもよいのが特徴。ハリがあって傷みがあり、ヘタのある側がふくいい。未熟な場合は置いて追熟させる。

ブアローイ サーム シー

三色白玉だんごのココナッツ汁粉

色づけした白玉を可愛らしく小さく丸めるのがタイ風。
バイトゥーイで香りづけしたココナッツミルクには甘味と塩を効かせて。

材料　2〜3人分

[バイトゥーイだんご]

白玉粉 …… 15g
バイトゥーイ（またはほうれん草1株）…… ½本
水 …… 大さじ2

[かぼちゃだんご]

白玉粉 …… 15g
かぼちゃ（正味）…… 10g

[にんじんだんご]

白玉粉 …… 15g
にんじん …… 10g

[ココナッツ汁粉]

ココナッツミルク …… 200㎖
水 …… 100㎖
バイトゥーイ …… 1本（あれば）
砂糖 …… 50g
塩 …… 小さじ¼

＊ココナッツミルクが分離している場合は、固形分と水分
を同量ずつ使ってください。

作り方

1　3色のだんごを作る

① バイトゥーイと水をミキサーに入れて撹拌する。

② 白玉粉に❶を少しずつ加える。

③ 指先でつぶしながらなめらかになるまで練る。水分が足りない場合は水（分量外）を少しずつ足して、丸められる硬さにする。

④ 生地を12等分し、小さく丸める。

⑤ かぼちゃは皮を取り、柔らかくゆでてつぶす。にんじんも同様にする。

⑥ ❷〜❹の要領で、かぼちゃだんごとにんじんだんごを作る。

2　ココナッツ汁粉を作る

① 鍋にひと結びしたバイトゥーイ、ココナッツミルク、水、砂糖、塩を入れて弱火で温める。

② 別の鍋にたっぷりの湯を沸騰させ、❶を入れて浮いてくるまでゆでる。

③ 器にだんごを入れ、ココナッツ汁粉を注ぐ。

┌─────────────────────────┐
【 タイのお菓子の色づけ 】

タイでは色鮮やかなお菓子が好まれますが、それらには食用色素ではなく、緑＝バイトゥーイ、黄色＝ターメリック、赤＝クラン（貝殻虫）、青＝アンチャン（青い花）、という天然由来の色素を使います。
└─────────────────────────┘

ナム ケン サイ

タイ風かき氷

タイの屋台で定番の、色々な食感が楽しめる具だくさんかき氷。
練乳やシロップがしみ込んだ食パンは、くせになるおいしさです。

材料　2～3人分

氷…… 適宜

[トッピング]

さつまいも …… 100g
砂糖 …… 50g
水 …… 150㎖
仙草ゼリー …… 50g

ルークチッ（アタップフルーツのシロップ漬け）
　…… 50g
食パン …… ½枚
ゆで小豆 …… 大さじ2
いちごシロップ …… 適宜
コンデンスミルク …… 適宜

＊仙草ゼリー（左下）は台湾、ルークチッ（左上）はタイの食材で、どちらもタイでは一般的です。なければ触感の似た実天やナタデココを入れてもおいしいです。

作り方

1　トッピングを作る

① さつまいもは皮をむいて2㎝角に切る。鍋に砂糖と水を入れて火にかけ、さつまいもが柔らかくなるまで煮て水気を切る。

② 仙草ゼリーは1.5㎝角に切る。

③ 食パンは耳を切り落とし、2㎝角に切る。

2　盛りつける

① かき氷メーカーでかき氷を作る。

② トッピングの半量をバランスよく器に盛り、氷をのせる。いちごシロップをかけて残りのトッピングをのせる。上にゆであずきをのせ、いちごシロップと練乳をかける。

カノム カイ ノックカター

うずら卵のドーナッツ

さつまいもの素朴な味わいがおいしい、うずら卵のような可愛らしい揚げ菓子。
外はサクッ、中はモチモチで、ついつい手がのびてしまいます。

材料　4〜5人分

さつまいも（正味）…… 400g
タピオカ粉 …… 50g
ベーキングパウダー …… 小さじ1
砂糖 …… 50g
塩 …… 小さじ¼
卵黄 …… 1個分
ココナッツミルク（または牛乳）…… 大さじ1

サラダ油 …… 適宜

作り方

1　生地を作る

① さつまいもは輪切りにして皮をむき、柔らかくなるまでゆでて水気を切る。

② クロックかポテトマッシャーでつぶす。

③ ❷をボウルに入れ、合わせてふるったタピオカ粉とベーキングパウダーを入れて手でよくこねる。

④ 砂糖と塩を入れて混ぜる。

⑤ 卵黄を入れて混ぜ、ココナッツミルクを少しずつ加え、丸められる硬さになったらやめる。

⑥ 直径2cmくらいに丸める。

2　揚げる

① 170℃の油で色づくまでゆっくりと揚げて油を切る。

タイにやみつきになったわけ

"タイ料理" と聞いて思い浮かべるのは、グリーンカレー、トムヤムクン…。

そんな、ごく一般的なタイ料理のイメージしか持たなかった私が、タイへ行ってまず驚いたのが、

料理や食材の豊富さでした。日本で知られていない地方料理の数々。

そして、相反するように見える要素、甘い・しょっぱい・酸っぱい、3つの味に、

風味豊かなハーブと刺激的な唐辛子の辛味が加わり、一つにまとまって見事な調和を作り出している、

その味わいの奥深さにやみつきになりました。

そしてもう一つ衝撃を受けたのが、食べる側の好みに合わせて調理人が料理を作ることでした。

例えば、ソムタム（青パパイアのサラダ）を注文すると、唐辛子の量はどうするか、

甘くするのかしょっぱくするのかなど、細かく尋ねられます。

麺類を食べる時には4種類の卓上調味料が並び、食べる側の好みで味を仕上げるのが当たり前。

「そんなことをしたら、味がわからなくなってしまうでしょ？」と聞く私に

「人によって好みが違うのだから、自分が美味しいと思うのが大事なんだ」と、彼は当然のように答えたのです。

美味しければOK！それがタイ料理なのです。そこで、私はとても楽で居心地が良いと感じたのです。

それから、何度もタイを訪れるようになりました。

タイには、"サバーイ" という言葉があります。"元気・快適・気持ちが良い・楽（楽観的）"

という意味を持つ、便利な言葉です。相手を尊重するタイ人の穏やかでサバーイな性格、

緩やかに流れるタイの時間、居心地のよい空間、そして美味しい料理の数々。

それらのすべてに、私は魅了されてしまったのです。

タイの地方と料理のこと

タイはミャンマー、ラオス、カンボジア、マレーシアと国境を接する、南北に長い国です。

そのため、隣接する各国の影響を受けていて、素材や調理法、味つけ、

食文化に至るまで地方によって全く異なるのです。　タイ料理は主に4つの地方に分かれます。

首都バンコクがある中部では、ココナッツミルクを多用したマイルドな味が主流。

また、中国系の人が多く、中華の影響を受けた料理がたくさんあります。

この本では日本の方にもなじみの深い、中部の料理を中心に紹介しています。

また、最高級の食材を用い、カービングなどで美しく装飾した宮廷料理も、中部の料理です。

北部（チェンマイやチェンライなど）の料理は、豚肉を多く用い、

脂が多めで比較的マイルドな味わいですが、ココナッツミルクは使いません。

丸いお膳で供されるカントークなどが有名で、主食はもち米です。

東北部はラオスの影響を受けた料理が多く、イサーン料理とも呼ばれます。

土壌に恵まれなかったため、乾季に備えて塩漬けや乾物、保存食が発達した地域なので、辛味と塩味が強い味つけです。

とろみや風味付けにカオクア（炒り米）を使うのも東北部の特徴で、ここも主食はもち米です。

プーケットなどのリゾートで有名な南部は、魚介類が豊富で、主食はうるち米です。

ターメリックを使った料理が多く、唐辛子とこしょうを効かせた辛い味付けです。

イスラム教徒が多く、イスラム系料理もあちこちで食べることができます。

それでは、何が一体タイ料理なの？と思われるかもしれませんが、結論は、すべてがタイ料理なのです。

他の食文化をタイ人の嗜好や風土に合わせ、変化してゆくのがタイ料理なのです。

終わりに

錦糸町でスタジオを開設して 3 年、今年はタイ料理研究家として活動を始めて 10 年の節目の年。

"タイ料理が好きだから" その理由だけで駆け抜けてきた 10 年間でした。今もその想いは増すばかりです。

なぜならタイ料理には場所が、人が変われば何通りものレシピがあり、食べる度にいつも新たな発見があるから。

実は、私のレシピは日々進化しています。それは、タイに行く度、

その前よりも美味しいレシピに出会ったり、味覚もどんどん進化しているからです。

ですから、今持っているレシピよりも美味しいと感じたら変えていきます。

その時感じた、一番 "美味しい" と思う味を、皆様にどんどん伝えて行きたいからなのです。

それは、単にレシピのことだけではありません。

食べることの意味や、毎日を笑って生きるためのヒント、生活の知恵、斬新な調理の工夫…。

タイ料理を通じてタイという国を知り、そのすべてが自分の糧となりました。

タイ料理から得た感動を少しでも多くの人に伝えたいと思いながら、料理教室を主宰しています。

初めての著書となるこの本では、今の私が美味しいと思うレシピをご紹介しています。

タイ料理初心者の方にもわかりやすいよう、工程写真をつけて、大切なポイントを解説しています。

教室に通っているような気持ちで、タイ料理を作ってみていただきたいからです。

それでも、誌面には限りがあるため、教室でお話しすることの全てを載せることはできません。

タイ料理の作り方はもちろん、テーブルマナーや旅の話など、タイの魅力に触れたくなったら、

是非、ティッチャイタイフードの料理教室へお越しください。

タイ語辞典

タイ詰の発音は難しいのですが、少し単語を知るだけでもメニューを見るのが楽しくなります。
例えば、カーオ（ごはん）パット（炒める）クン（海老）で「海老チャーハン」になります。

調味料・食材

ナーム ＝ 水
ナム ターン サーイ ＝ グラニュー糖
ナム ターン ピープ ＝ ココナッツシュガー
ナム ソム サーイチュー ＝ 酢
グルア ＝ 塩
プリック キーヌー ＝ 辛味の強い小さな唐辛子
プリック チーファー ＝ 辛味の少ない大きな唐辛子
ガイ ＝ 鶏肉
ピーク ガイ ＝ 手羽先
カイ ＝ 卵
ムー ＝ 豚肉
ヌア ＝ 牛肉
クン ＝ 海老
プラー ＝ 魚
タレー ＝ シーフード
パック ＝ 野菜
マムアン ＝ マンゴー
マラコー ＝ パパイア
カーオ ＝ 米（ごはん）
カーオ ニィアオ ＝ もち米
ポンラマーイ ＝ 果物
クエイティオー ＝ 米麺の総称
バミー ＝ 中華麺

調理方法

ヤーン、ピン ＝ 焼く
パット ＝ 炒める
トード ＝ 揚げる
タム ＝ 叩く
クア ＝ 炒る
チョウ ＝ 揚げ焼き
ヌン ＝ 蒸す
トム ＝ 煮る

味・風味

アローイ ＝ おいしい
ワーン ＝ 甘い
ペッ ＝ 辛い
プリィアオ ＝ すっぱい
コム ＝ 苦い
ケム ＝ しょっぱい
ファート ＝ 渋い
ホーム ＝ 香りのよい
クローップ ＝ カリカリとした

ショップリスト

タイの調味料や食材が買えるお店を紹介します。

タイランド（タイラーメン＆ショップ）

タイレストランとしても人気で、
店舗の奥側で食材などを販売しています。

〒 130-0013　東京都墨田区錦糸 3-7-5
TEL:03-3625-7215
営業時間　12:00（食事は 13:00 から）-20:00　月曜定休
＊通信販売はしていません。

アジアスーパーストアー

通信販売の取り扱いしある、
アジア食品のスーパーマーケット。

〒 169-0072　東京都新宿区大久保 1-8-2
シャルール新宿2 F
TEL:03-3208-9199、3208-9200　FAX:03-3208-9260
営業時間　9:30-22:30
http://www.asia-superstore.com/jp/

長澤 恵（May）

タイでの愛称は May。2002 年よりタイ料理研究家として活動を始める。
2010 年に東京・錦糸町にて株式会社 TitCai（ティッチャイ）を設立し、「タイ料理教室ティッチャイタイフード」
を立ち上げる。月に 20 回以上のレッスンを開催し、現在までの生徒数は延べ 35,000 人以上。
また、現地の食に特化したタイツアーを年数回開催し、食文化への造詣を深めている。
企業や飲食店の商品・メニュー開発、雑誌やウェブメディア、TV・ラジオ番組、食文化セミナーなど、タイに関
わる多方面で精力的に活動中。
タイフード製品のパイオニアであるヤマモリ株式会社のタイフード商品全般の監修も手掛けている。
※ティッチャイ＝タイ語で「やみつきになる」の意味

タイ料理教室　ティッチャイタイフード
https://www.titcaithaifood.com
https://www.instagram.com/titcaithaifood/

ブックデザイン	TUES DAY（戸川知啓＋戸川知代）
撮影	白根 正治
スタイリング	澤入 美佳
イラスト	おおのきよみ
料理アシスタント	金澤 スチン
編集	吉居 瑞子
企画	小野寺 恒夫
新装版修正	市川事務所

タイ食材提供　タイランド（タイラーメン＆ショップ）
　　　　　　　〒130-0013　東京都墨田区錦糸3-7-5
　　　　　　　TEL：03-3625-7215

撮影協力　UTUWA
　　　　　　〒151-0051　東京都渋谷区千駄ヶ谷3-50-11
　　　　　　明星ビルディング1F

本場の味がわかる、作れる、プロセスつき

新装版　長澤恵のティッチャイ タイ料理教室

2023年 2月 1日　第1刷発行

著　　　者　　長澤 恵
発 行 人　　伊藤 邦子
発 行 所　　笑がお書房
　　　　　　〒168-0082東京都杉並区久我山3-27-7-101
　　　　　　TEL03-5941-3126
　　　　　　https://egao-shobo.amebaownd.com/

発 売 所　　株式会社メディアパル（共同出版者・流通責任者）
　　　　　　〒162-8710東京都新宿区東五軒町6-24
　　　　　　TEL03-5261-1171

印 刷 製 本　　シナノ書籍印刷株式会社